点亮艺术之眼

——伟大的博物馆

伟大的
博物馆

Museo Egizio Il Cairo

开罗
埃及博物馆

〔意大利〕西尔维娅·埃诺迪 编著
桑 巍 译

内蒙古科学技术出版社

前　言

近年来，世界上大部分埃及藏品都经历了转变和调整，也变得更加重要。以柏林埃及文化与莎草纸抄本博物馆为例，其翻修受到了20世纪90年代末德国政局变化的直接影响。对于其他藏品来说，人们在如何利用它们展示埃及文明方面实现了总体性的理念转变，以适应公众对古埃及文明各个方面越来越浓厚的兴趣。开罗埃及博物馆“改头换面”的需求来自于后勤问题，以及20世纪20年代收入图坦卡蒙宝藏后，人们纷涌而至的问题。几十年前将部分藏品移至他处的想法已经被提出，最后，埃及决定在吉萨金字塔北部建立一个新的博物馆。这个项目已经进入落实阶段，但是完成仍然需要很长的时间。去年夏天，埃及已经将拉美西斯二世的巨型雕像从孟菲斯露天博物馆移至大埃及博物馆将要矗立的地方。

在等待必要的拆分完成期间，由法国建筑师杜尔农设计的这座位于埃及解放广场的新古典主义建筑仍是游客必经之地，这里可以说是贮藏埃及文明瑰宝的大型仓库，但其中很多瑰宝未能摆在符合其重要性的位置。有多少珍品进入木乃伊展室，途经盛放古埃及最具权力者的尸体的棺椁，最终被堆放在靠墙的陈列柜中？有多少人在迷醉于图坦卡蒙的金面具后，还愿意多迈几步进入塔尼斯珍品室？有多少人知道古老且完好无损的荷玛卡墓葬品、令人惊叹的尼安克佩皮木制小雕像、卡纳克神庙里发掘的数十座雕塑位于何处？更不用说古罗马时期的墓葬画了。

因此这本指南正有其价值：让读者一览世界上最重要的古埃及珍品，发现那些置于埃及博物馆数百个展示柜中的珍品，否则读者永远也不会找到它们。本书从超过 4 万个正在展示的作品中（还有 8 万个作品置于仓库中）遴选 73 个进行介绍。最重要的杰作是必不可少的，但本书也会介绍那些尚不为公众所熟知的文物。因此，除了图坦卡蒙的珍品，一些没有得到关注的文物也会出现在这本书中。如果说珠宝、雕像和石棺让眼睛得到享受，那么对埃及文化的了解则是建立在不那么显眼的证明上。例如，从文化的角度看，尼安克佩皮墓中出土的搬运东西的人的雕塑比那赫特普、图坦卡蒙和普苏塞恩涅斯一世的棺椁更有价值。

本书诚邀读者从整体上认识埃及文明，不遗漏任何一方面，将向那些只关注金字塔、方尖碑、神庙、巨型雕像和巨大陵墓的人展示埃及文明中更内在和日常的方面。西尔维娅·埃诺迪将陪同读者发现埃及博物馆。本书精心选择的珍品将让那些了解埃及最重要文物的人也感到惊奇。

意大利卢克索考古团队领队

弗朗切斯科·蒂拉德里蒂

目 录

463

开罗埃及博物馆

开罗埃及博物馆拥有世界上最丰富和珍贵的古埃及藏品，却经历了漫长而艰难的发展过程，幸而在一些人的不懈努力下，最终取得辉煌成就。这些人为埃及博物馆的诞生和发展奉献了自己的大半人生。

随着拿破仑沿尼罗河谷远征，古埃及文明逐步展露在西方人面前，这是埃及博物馆诞生的前提。1798 年，时任法军将领的拿破仑·波拿巴被派往埃及。法国将拿破仑派往埃及的目的有两个：一是将这位渴望荣耀而且越来越受民众欢迎的年轻军人调离法国；二是阻止英国在地中海进一步扩张其商业势力，切断日不落帝国通过奥斯曼帝国与印度之间建立的联系。拿破仑不仅拥有强烈的政治野心（因此这项任务很适合他），而且对埃及这个历史悠久的国家非常着迷，他最崇拜的亚历山大大帝对埃及的征服也对他产生了很大的影响。

拿破仑由此成为一个伟大事业的领导者，这个伟大的事业是军事行动与庞大的科学文化工程的结合，在历史上是绝无仅有的。超过 150 名文学家、科学家和艺术家组成了学者团队随拿破仑的大军踏上埃及的土地。他们的任务是，在法兰西学院的指挥下，研究和记录古埃及和现代埃及文明的各个方面。沿尼罗河岸开展的科学探索取得的成果肯定比法国军事行动的结果要令人满意。1801 年，法国在阿布基尔湾惨败给英国，法国的远征随之结束。

英国学者的工作则取得了极大的成功：他们从北至南走遍埃及，进行了重要的考古发掘（包括出土罗塞塔石碑，此碑后来作为战利品

中央大厅南侧
可看到博物馆入口
摄于 1934 年

被运至伦敦）；他们也是埃及文物的首批研究者——数千年间，这些文物被风沙掩埋而且遭世人遗忘。正是得益于这些学者，西方世界对古埃及文明越来越感兴趣，开始逐步了解埃及文明留下的非凡的文化瑰宝——在超过 3000 年的时间里，从尼罗河三角洲到努比亚，埃及文明不断发展。这些学者的辛勤劳动化为了一部巨著——《埃及记述》（1809 年至 1828 年出版），其第一版是由 10 本文字和 13 本图录组成的，迄今仍是了解古埃及必不可少的资料。这些学者凝视着埃及，眼神里充满惊叹和赞美；他们在数千幅图片和版画里复制了自己所看到的宏伟的神庙、壮丽的浮雕和精制的墓葬品，让它们变成了不朽的杰作，尽管它们受到了自然的侵蚀和人为的破坏。

在此之前不为大多数人所知的埃及像一个宝盒展露在欧洲面前，点燃了欧洲文化圈的埃及热。这开启了对埃及文物的研究同时，也

雕像
选自《开罗首家博物馆影集》

是成体系且无休止的掠夺之路，埃及文物成为欧洲王室争相掠夺以丰富本国博物馆馆藏的财富来源。在奥斯曼帝国的埃及总督穆罕默德·阿里（1769—1849）领导的政府准许下，掠夺持续了数十年。事实上，穆罕默德·阿里与埃及民众一样对文物保护完全不感兴趣，甚至用文物与西方进行交易，以推进他特别重视的埃及现代化进程。穆罕默德·阿里的政策目标是用雕像、棺椁、木乃伊和墓葬品换取欧洲政府的帮助，因此数不胜数的文物从亚历山大港被运往欧洲，成为欧洲博物馆的馆藏。欧洲各国驻埃及使馆的人员亲自参与对埃及文物的掠夺，他们争相地、经常是肆无忌惮地夺取文物。如果不是保护埃及出土文物的思想逐渐兴起，掠夺还要持续更长的时间。

第一批反对肆意掠夺埃及文物的人包括杰出的象形文字破译学家让·弗朗索瓦·商博良和法国驻埃及总领事米莫，尤其是掀起民

木制死者之船模型
德尔巴赫里
大臣梅克特雷墓
约前 1950 年

族主义思潮的埃及文学家里法·塔赫陶伊（1801—1873），他成功地让埃及民众越来越认识到文物的价值。在这一推动下，1835 年，埃及总督穆罕默德·阿里颁布法令，禁止肆意出口埃及文物——从理论上说这是埃及文化政策向保护当地文物转变的起始。其直接影响是同年埃及在艾兹贝肯湖边建立了第一个收集、储藏和向公众展示埃及文物的场所，由法国工程师利南·德·贝勒丰负责管理。这是最初的一小步，但它的价值更多是象征性的，事实上，尽管总督的法令已生效，但无法阻止埃及文物继续遭到破坏、掠夺和运出埃及。在随后数年中，这座位于艾兹贝肯湖边的博物馆所收藏的文物显著减少，因为包括穆罕默德·阿里在内的多名埃及总督仍在掠夺文物，他们将这个博物馆视为可随意处理的私人资产。后来仅存的少量文物被移至公共教育部的一个大厅里，到了 1855 年，奥地利大公马克西米连访问埃及，埃及总督阿巴斯一世将仅存的文物全部赠送给了马克西米连。

第一个埃及文物博物馆变得空空如也，并就此关门。这次尝试以失败告终，但此后不久，埃及文化遗产终于找到了容身之处，这个注定要在埃及学历史上留名的伟业是由法国人奥古斯特·马里埃特（1821—1881）完成的。马里埃特出生于法国布洛涅，是一名学者和考古学家，1850 年受法国卢浮宫委派，前往埃及收集古老的铭文抄本。在遇到了一系列困难之后，他决定投身萨卡拉地区的考古挖掘工作，并于 1851 年成功发掘了塞拉皮雍神庙。最初，马里埃特与其他那些为祖国寻找文物的欧洲人没有太大区别，但很快他的态度发生了改变。在埃及度过的考古挖掘生涯令他意识到，为保护和宣扬埃及文化遗产进行立法迫在眉睫。在一度回国后，马里埃特重新返回尼罗河谷，陪同拿破仑三世的堂弟拿破仑亲王旅行。利用这次机会，这名法国考古学家开始催促埃及当局采取行动保护埃及文物。1858 年，埃及文物局成立，并聘请马里埃特担任文物局局长。文物局的职责是推动和指导埃及的文物发掘工作，将挖掘的文物统

雕刻着马车的
黄金扇形饰板
帝王谷
图坦卡蒙墓

壁画
尼斐尔泰丽
拉美西斯二世之妻，戴有鹰型头饰，与看不见的对手坐着下棋
底比斯，王后谷，尼斐尔泰丽墓

一运往开罗。在马里埃特的领导下，经过辛勤和富有成果的挖掘，从三角洲的塔尼斯遗址到苏丹的吉布巴加尔遗址，一些最伟大的遗址得以重见天日。1863 年，马里埃特终于在靠近尼罗河河道的布拉克建立了博物馆，发掘并运往开罗的文物成了这座博物馆的核心。得益于持续的考古挖掘工作，博物馆的藏品不断增加，因此博物馆需要进行扩容。

1864 年到 1876 年间，该博物馆还编纂了介绍该馆馆藏的指南。1878 年，博物馆因尼罗河泛滥受到侵袭，水灾造成了严重的损失，很多文物丢失。因缺乏容量和选址问题，博物馆必须迁至更为适宜的场所，马里埃特又开始了漫长的等待，但最终没有等到这一天。1881 年，在为埃及奉献了一生后，埃及博物馆的创办者与世长辞。马里埃特因其功劳被授予帕夏头衔，他的名字还与一部歌剧联系在一起：威尔第根据他提供的情节创作了闻名世界的以古埃及为故事

图坦卡蒙胸饰
金，肉红玉髓，天青石和绿松石
底比斯，帝王谷，图坦卡蒙墓

背景的歌剧《阿依达》，其于1871年圣诞节前夕在开罗首次上演。

在马里埃特逝世后，曾由意大利人路易吉·瓦萨里（1812—1887）短暂担任博物馆馆长一职，随后由两名法国人相继接任，他们是加斯顿·马斯佩罗（1846—1916）和欧仁·格雷博（1846—1915）。1889年，布拉克博物馆的形势变得十分危急，储存空间完全饱和，博物馆已经无法容纳在埃及持续发掘的新文物。这时，埃及总督伊斯梅尔决定将自己的一处府邸贡献出来作为博物馆。按时间顺序排列，这是埃及博物馆的第四个新址。所有藏品迁往吉萨，新馆于1890年对外开放。然而，这也是一个临时性的场所。这时很多人呼吁建立一个专门用于容纳博物馆文物的场所，因为文物肯定还会不断增加。数年过后，埃及终于做出决定，在对数十个计划进行研究后，埃及最后选择由法国建筑师马塞尔·杜尔农设计新博物馆。新址定于开罗中心地区，位于解放广场前，足够远离尼罗河。在那

托特
文字和科学之神，
化身为狒狒，
手持卷轴
阿玛尔纳山丘
约前 1340 年

个年代，建筑方面的挑战是巨大的。博物馆由钢筋混凝土建造（在那个年代是一项全新的技术），风格为新古典主义，并隐约体现出埃及艺术的特征。1897 年 1 月，新博物馆由意大利企业加罗佐和扎费拉尼公司开工建造。工期将近五年，1901 年 11 月，文物局官员、意大利建筑师亚历山德罗·巴尔桑蒂（1858—1917）接过了博物馆的钥匙。博物馆已经完工，可以容纳存于吉萨的埃及总督府邸内的埃及文物了，大“迁徙”工作一直持续到次年 7 月。1902 年 11 月 15 日，新博物馆正式开馆。博物馆分为两层，由宏伟的阶梯相连，宽广的展室成为数目庞大的文物的理想展示场所，这些文物按照年代、风格或主题进行分类。

在此之后，特别是在 1922 年图坦卡蒙墓及其极为丰富的墓葬品

博物馆其中一个展室的景色

出土后，博物馆对内部空间进行了调整和改变，以便为法老的宝藏腾出空间。近年，新的展览标准以及更大的空间需求使埃及决定将埃及博物馆的藏品拆分，在靠近吉萨金字塔的地方建造一个新的大型博物馆，并将包括图坦卡蒙所有墓葬品在内的一些藏品移至此处。其他藏品仍将留在这座古老且极具价值的新古典主义建筑内。

在进入博物馆后，游客首先会被散布着雕像的庭院吸引，这个庭院正是马里埃特的墓地所在，因为马里埃特希望死后仍能守在他为之献身保护和宣扬的文物身边。马里埃特的雕像周围是围成半圆形的半身像，雕刻的是世界埃及学历史上最杰出的人物，其中包括让－弗朗索瓦·商博良、加斯顿·马斯佩罗、理查德·莱普修斯、海因利希·布鲁格施、伊波利托·罗塞里尼和拉比伯·哈巴赤。这些伟大的学者象征性地守护着埃及博物馆内收藏的珍贵文物。

开罗埃及博物馆

主要馆藏

彩绘陶罐

前王朝时期，涅伽达文化 II 时代（前 3500—前 3100）

彩绘陶土
高 22cm
直径 15cm
入馆编号 64910
来源不明

前王朝时期埃及陶器的生产带来了大量制作精美的陶罐，这些陶罐由彩陶制作，并在外部绘有深红色的装饰图案，图案通常与河水相关。陶罐带有小小的镂空把手，很可能是使用陶轮制作的。这些陶罐构成了那个时代的特色。陶罐两面均绘有同样的图案：一艘大船占据了图案中央，密集的竖线是船的桨。船身上有两个船舱，船舱旁有一个很高的标志，这个标志很像古埃及时期用于区分各个诺姆（即省）的标志。在靠近固定船锚的地方，一个长长的、弯成弓形的棕榈树枝装饰着船头。

在陶罐的低处画着几只鸵鸟，陶罐把手下方的芦荟图案将这几只鸵鸟分隔开来，一面有五只，另一面有四只。一些波浪线围绕着略微凸起的底部，可能是水的象征，既表示陶罐装的是水，也喻示了装饰的主题即流动的环境。陶罐上充满自然风情的原始图案是埃及绘画最为古老的例证之一，同时也记录了前王朝时期的生活、植物和动物。

燧石与金箔
长 30.6cm
宽 6cm
入馆编号 34210
基波林?

带金鞘的刀

前王朝时期，涅伽达文化 II 时代（前 3500—前 3100）

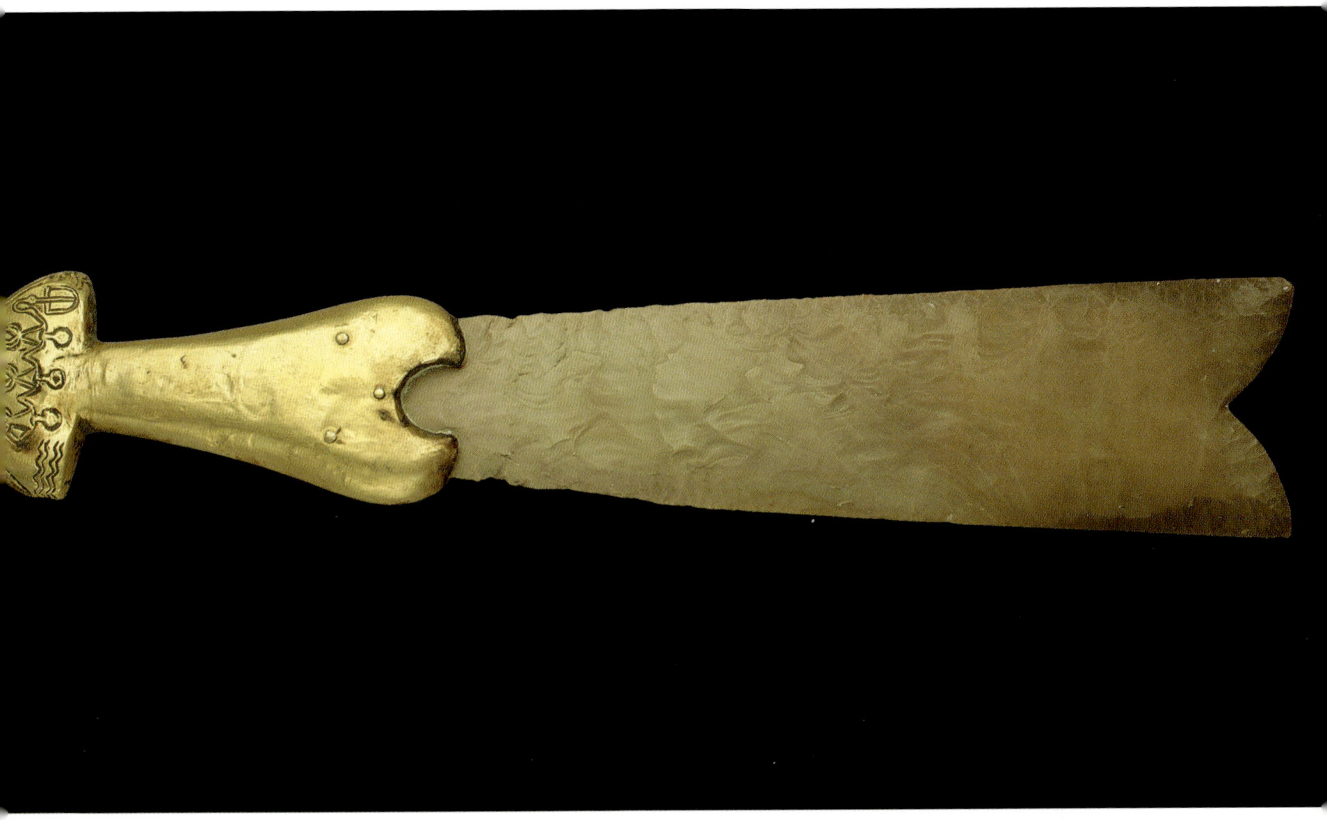

将石头特别是燧石加工为锋利的刀刃或矛尖的技术在前王朝时期已臻完善，这把独一无二的刀就是极好的证明。分叉的刀刃是靠耐心打磨成的，然后用小钉子将刀刃固定在金鞘上。刀鞘由两片金箔构成，金鞘让这把普通但可能是用于仪式的刀变得珍贵。刀鞘的底部为半月形，带有独具风格的装饰图案。其中一面刀鞘绘有三个人，也许正站在船上，因为在他们脚底绘有波浪线。左边的人握着类似扇子的物品，右边的人旁边有一些波浪线，明显是水的象征，这些波浪线甚至延伸到刀鞘的另一面。在刀鞘的另一面绘有一艘带有船桨、船舱和旗帜的船，旁边还有一株小芦荟。这个场景体现的是与河流有关的物体，在涅伽达文化 II 时代是非常典型的。这个时期的艺术创作都是围绕这些物体展开的。

纳尔迈调色板

第零王朝，纳尔迈王时期（约前 3000）

绿色岩石
高 64 cm
宽 42 cm
入馆编号 32169
希拉康坡里斯，荷鲁斯神庙

著名的纳尔迈调色板一直被认为是一件具有重要历史和政治意义的文物，因为它展现了上下埃及的统一。事实上，年代和诠释的问题妨碍了人们思考这片岩石两面所刻画的场景是否就是上下埃及统一这一历史性事件，也许在纳尔迈时代上下埃及已经实现了统一（很长时间以来一直认为是美尼斯王开创了第一王朝）。与前王朝和古朝时期的调色板类似，这块调色板的作用是将孔雀石或方铅矿石研磨成粉，以制作涂于眼皮上的颜料，调色板正面中间大长颈狮颈部交叉的部分轻微下陷，正表明了它的用途。然而，这块调色板很可能从未用于这一目的，而主要用于祭祀，它出土的地方（希拉康坡里斯的荷鲁斯神庙）表明了这一点。该调色板的上边左右各刻有一个带角牛头（哈托尔女神的象征）作装饰，中间是一个被称为“王名框”的方框，里面刻着法老纳尔迈的名字。在这下方，调色板两面都刻有具有象征性和政治意义的场景，用于歌颂君主的强大形象，将君主刻画为征服敌对势力和消灭敌人的强大胜利者。

法老头戴下埃及王冠，手持权杖，身后跟着司鞋官，正在侍从的陪伴下检阅两排已被砍了头的俘虏。国王的前方刻着纳尔迈的名字，与其他人相比，国王的形象格外高大，古埃及时期通过这一表现形式强调其重要性。

在调色板的另一面，法老的右侧刻有一只鹰，这是国王的象征，它的爪子抓着纸莎草植物中的一支。这是具有寓意的一个场景，可理解为上埃及的国王对三角洲的人民取得了胜利（纸莎草是三角洲的象征）。

在埃及的象征性场景中，公牛与狮子通常用于象征强有力的国王。这块调色板上，一头公牛用两只角毁坏敌人的城墙，同时用脚践踏一个战败者，可能用于喻示纳尔迈王时期的一个历史性事件。

荷玛卡墓圆盘

第一王朝（前 2920—前 2770），德闻王时期

黑皂石
直径 8.7 cm
厚度 0.7 cm
入馆编号 70164
萨卡拉，荷玛卡墓

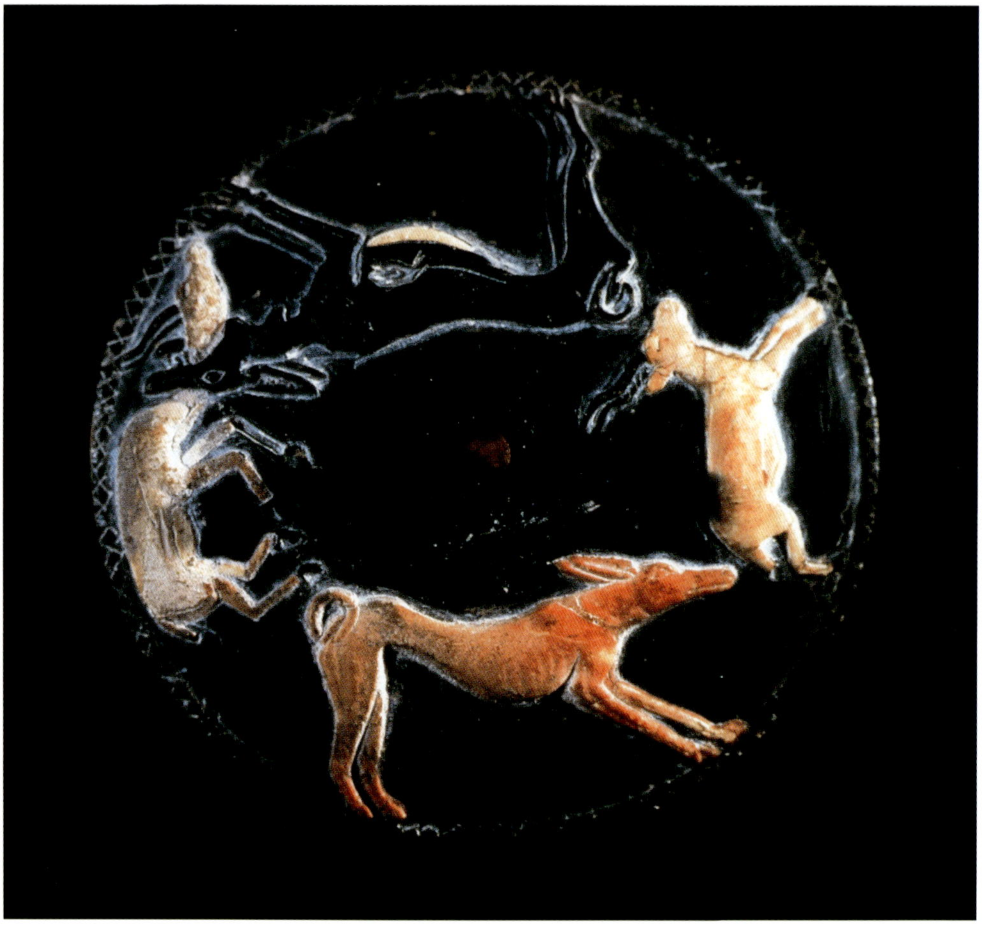

荷玛卡是法老德闻的大臣和财务官，他的墓由英国人埃默里于 1936 年在萨卡拉发掘。最令人感兴趣和最独特的墓葬品包括装在木制箱子中的圆盘。这些圆盘用不同种类的石头制成，带有镶嵌图案装饰，被认为是最古老的法术工具，以插入中央圆孔的轴为支撑进行旋转。圆盘的上方刻有一些动物的形象，例如鸟、犬和羚羊，在圆盘旋转的时候，这些形象就变成了飞奔的图案。该圆盘的图案由两只狗和两头羚羊交替组成，两种动物不停地奔跑，很可能用来描绘狩猎的场景。一开始，狗沿着圆盘的边缘快速奔跑，追逐它的猎物；随后黑狗（漆上黑色为整个图案带来了颜色上的变化）咬住了羚羊的脖子，羚羊徒劳地在空中摆动羊蹄，显示出它的痛苦。圆盘不仅体现了手工艺人精湛的技术（他们能够在皂石上镶嵌），而且还显示出他们努力寻求形式和美学上的平衡。

象牙
长 8 cm
宽 4.5 cm
入馆编号 47176
阿拜多斯

带有德埃名字的梳子

第一王朝（前 2920—前 2770），德埃王时期

阿拜多斯是埃及前两个王朝的王室陵墓所在地，现已出土诸多墓穴以及用以庆祝法老重生的石碑。这把梳子也许就来源于其中的一个墓穴，这个墓穴属于第一王朝德埃王时期。这把象牙梳带有优雅的雕刻装饰。法老的名字像一条蛇，刻在有如王宫外形的“王名框”当中。王名框的上方是一只鹰，这是国王的象征；王名框的两边是三个象形文字，其中两个是象征权力的凤头权杖，还有一个是象征生命的安卡之符。在图案的上方，可以看到一双展开的巨大翅膀，它们支撑着一艘带有船舱的船，船上栖息着一只鹰，这是太阳神的化身——古埃及人相信，太阳神每天乘坐太阳船沿天河行进，东升西落。梳子上刻画的场景为这个简单的日用品增添了重要性，正是得益于刻于其上的图案，梳子拥有了法术－咒文方面的价值。

左塞王雕像

第三王朝，左塞王时期（前2630—前2611）

彩绘石灰岩
高142cm
入馆编号49158
萨卡拉，左塞王墓葬群

左塞王的名字是与位于萨卡拉的阶梯金字塔密切相连的，这是历史上最早的完全用石块修建的陵墓，是埃及此后所有金字塔的雏形。在墓葬群中，还有其他规模较小的建筑，左塞王雕像正是在其中一座祭庙中发现的。祭庙位于金字塔北面入口处，这个地方几乎是完全封闭的，只留下一道缝隙，供左塞王的雕像注视外界，并享受为纪念他而举行的祭祀活动和奉献的贡品。端正的姿势和厚重的头部表现出这位坐于王座之上的法老极为庄严。他身穿长袍，只有双手露在外面；在躯体之上，是整个雕像的核心——头部。法老头戴内梅什巾冠，面容是写实主义风格，这是那个时期埃及艺术的创新之作，但取得巨大的成功还在以后。左塞王眼睛深邃，嘴唇丰满，耳朵宽大，颧骨突出，下颚略微突出，颌下是古埃及国王雕像中典型的、用以表现法老威严的柱状假胡须。

石灰岩和珐琅
高 181 cm
宽 203 cm
入馆编号 68921
萨卡拉，左塞王墓葬群

左塞王装饰嵌板

第三王朝，左塞王时期（前 2630—前 2611）

在萨卡拉的阶梯金字塔下方出土了左塞王的陵寝，陵寝的墙壁上贴有经打磨和雕刻的石片，目的是在其中嵌入小片的蓝绿珐琅片。在埃及博物馆的一个大厅中，摆有这样一面墙壁的复制品，其精致程度以及色彩的细腻程度令人赞叹。这个作品的上部有一个拱形图案，由 11 根杰德柱组成，杰德柱的高度由中间向两边依次递减。杰德柱被认为是欧西里斯神的脊柱，在古埃及是广为流传的护身符，象征稳定和持久，在这儿则代表整个墓葬群。制作这块装饰嵌板的目的是以不会腐烂的材料仿制芦苇席，芦苇席是王宫和普通人家必备之物，用以遮阳降温。在古埃及建筑，特别是早期的建筑中，人们热衷于用石块仿制那些用易腐坏的材料制成的物品，这些物品是住宅和祭庙中常见的，例如木制的门楣、由芦苇编织的屋顶、宫殿正面的砖坯，以及芦苇席——芦苇席通常制作成卷起的样子。

赫西朗浮雕板

第三王朝（前 2650—前 2575）

木材
高约 114 cm
宽约 40 cm
入馆编号 28504
萨卡拉，赫西朗石室坟墓

从王室高官赫西朗的石室坟墓中，奥古斯特·马里埃特发掘了一系列木制浮雕板（其中一些破损严重），这些浮雕板原本用于装饰 11 个壁龛内壁——壁龛是在地下通道的墙壁上发现的，地下通道是放置墓葬品的场所。在木制浮雕板的上方凿有一个洞，用以将木板固定在墙上，这些浮雕板刻画了死者的不同形象，雕工精美细腻。在浮雕板上，赫西朗有时庄重地迈步，有时坐于贡品桌前，这块浮雕板刻画的正是后者。象征赫西朗的职业及其较高社会地位的图案是必不可少的，例如用于书写的工具，包括调色板、笔盒以及装颜料的容器；长长的权杖也是权势和高贵的象征。赫西朗头顶上方的文字将他称为“布托神的祭司”和“王室写字板的监管人”。在这些浮雕板上，他佩戴不同的头饰，身穿不同的服装：短的带有小卷的假发套，或者长的带辫子的假发套，长的紧身服装，或者以腰带固定在腰间的短裙，风格多变。运用明暗对比手法刻画的脸部则保持庄严的表情，睿智的双眼、突出的颧骨、扁平的鼻子、厚实的嘴唇和薄薄的胡须，都是写实风格的体现。

美杜姆鸭群图

第四王朝，斯奈夫鲁王时期（前 2575—前 2551）

彩绘石膏
高 27cm
长 172cm
入馆编号 34571
美杜姆，奈费尔玛亚特的石室坟墓

1871 年，奥古斯特·马里埃特在位于美杜姆的奈费尔玛亚特与阿泰特夫妻的石室坟墓中发现了这一装饰残片，它是毫无争议的埃及绘画杰作。这片石膏原本置于坟墓中一片墙壁的下方，绘有六只鸭子，近乎对称地分为两组，每组由三只组成。两头的鸭子正弯下脖颈啄着水面上的食物，其他四只分两对相背而立。整幅画的关键是它的中央，两只鸭子不同种类和颜色的尾巴在这里交会，画由此分为向左、向右两个部分。这幅画表面看来是静态和重复的，实际在细节上非常丰富，例如每对鸭子的羽毛上的差异以及不同种类的植物——这些植物构成这幅画淡淡的背景。在埃及象形文字中，数字“三”表示复数，考虑到画中数字“三”的重复出现以及鸭子羽毛种类的不同，这幅画可能不是对现实场景的刻画，而是代表一种记数的方式，想要表达的是一群没有明确数量的鸭子。

拉胡泰普和奈费尔特的双人雕像

第四王朝，斯奈夫鲁王时期（前 2575—前 2551）

彩绘石灰岩
高 121 cm 和 122 cm
总目录号 3—4
美杜姆，拉胡泰普石室坟墓

1871 年，奥古斯特·马里埃特在美杜姆发掘了拉胡泰普和奈费尔特共葬的坟墓（该坟墓是美杜姆最大的石室坟墓之一），从中出土了拉胡泰普和奈费尔特的双人雕像，从雕像上仍可以感受到两人的爱情以及相契的灵魂。拉胡泰普和奈费尔特坐在两把简单的带有高椅背的椅子上，椅子上方刻有两人的名字和身份，强调两人属于王室。肤色为棕褐色的男子身穿短裙；皮肤白皙的女子身穿白色长裙，能隐约看见里衣的肩带，一只手露于长裙外。两人的双腿雕刻得较为僵硬，上半身的刻画则更为细腻：两人戴着不同的项链。头部是艺术家和观察家最为关注的地方。拉胡泰普梳着短发，蓄有短髭；奈费尔特的线条更为饱满，戴着假发套和华丽的花冠，刘海在花冠下隐约可见。眼睛是这座双人雕像的关键：两人的眼睛由不透明的石英和天然水晶镶嵌而成，目光深邃有神，充分展现了一位不知名的宫廷艺术家的才能。

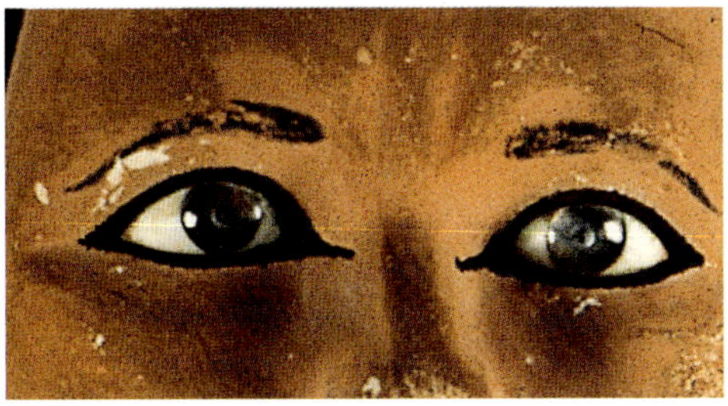

这对夫妻的眼睛是用不同的材质镶嵌而成的。在由不透明的石英制作的眼眶中，镶嵌了由天然水晶制作的眼球，眼球中心还能看见黑色的瞳孔，这种写实风格吸引了观察家的注意。此外，眼睛的周围还描了黑色的眼影，根据古埃及的习俗，男人和女人都会化浓浓的眼妆，以此来抵挡昆虫和酷烈的阳光，保护眼睛。

白色的椅背上刻有黑色的象形文字，显得极为突出。奈费尔特头部两侧对称地刻着“认识国王的女人”以及这位死者的名字，用以强调她与王室的密切关系。

奈费尔特体态丰满，衣服下可见高挺的胸部，胸部上方画有被称为“乌瑟克”的大项圈，这在古埃及是非常常见的首饰。项圈由数圈不同样式、材质和颜色的珠子串在五彩缤纷的线上制成，最外圈还坠有一串水滴形的宝石。

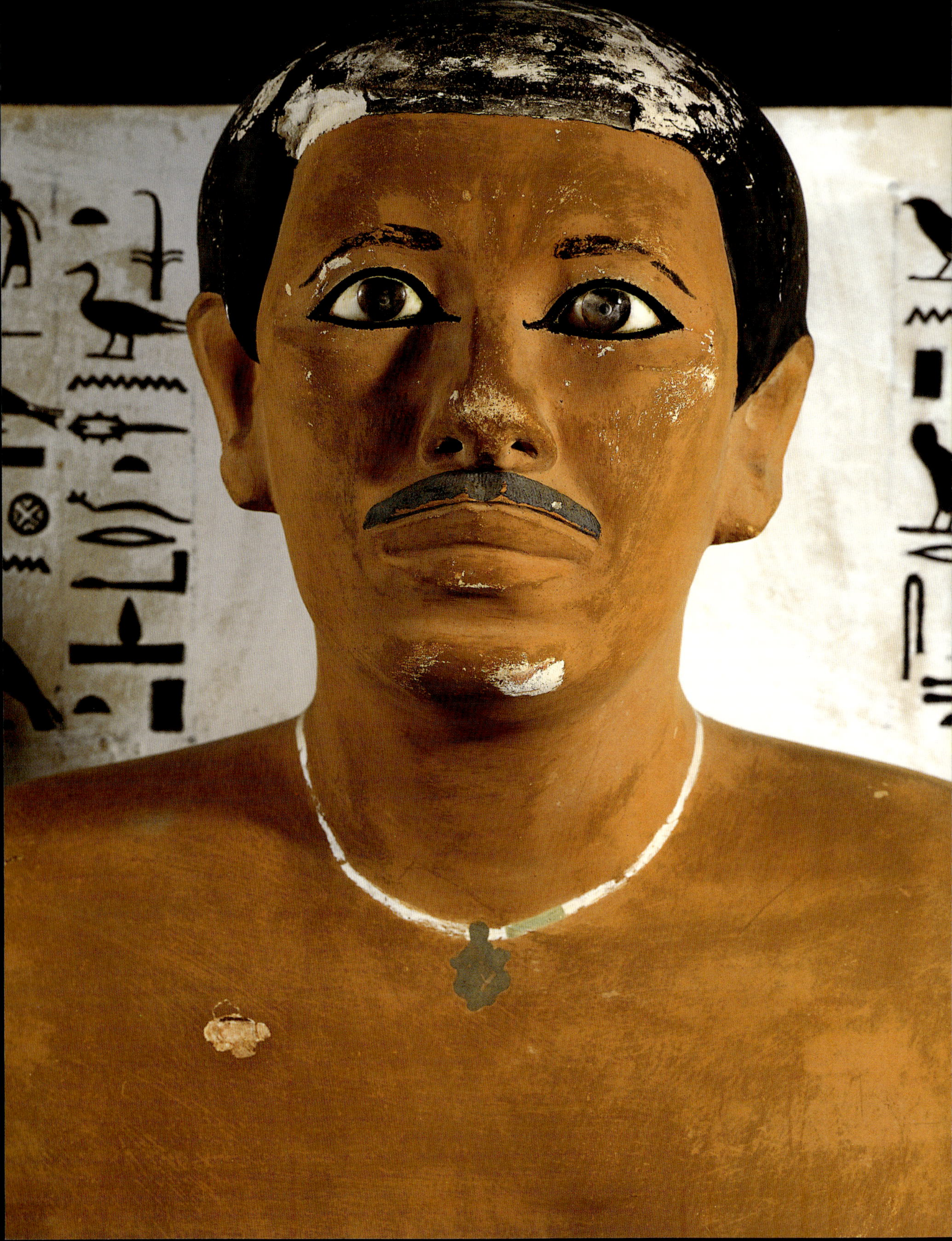

装有赫特菲瑞斯一世臂饰的首饰盒

第四王朝，斯奈夫鲁王时期（前 2575—前 2551）

1925 年，瑞斯那尔在胡夫金字塔附近发掘了一座坟墓，从中出土了与一位王后相称的珍贵墓葬品。这是胡夫的母亲赫特菲瑞斯一世的坟墓，她原本葬于达述，但是在地下墓室被盗后，她的墓被迁到据说更为安全的吉萨。除了烫金的木制家具外，在王后的墓葬品中，还有一个装有雅致臂饰的首饰盒，它们幸运地逃脱了盗墓者之手。首饰盒的盖子上，在象牙把手两旁，刻有表明盒子所装物品（臂饰）以及所有者名字的文字，这位所有者被称为“上埃及和下埃及的王的母亲”。相同式样的臂饰原本以十个为一组，分为两组，串在两根木杆上。每一个臂饰由一片弯曲的银片制成，上面镶嵌有半宝石，制作成四只展翅蝴蝶的样子；肉红玉髓制成的小圆圈将四只蝴蝶分隔开来。由于交替使用了天青石和绿松石，以及嵌有一小块鲜红色的肉红玉髓，蝴蝶的躯干和翅膀呈现出均匀的色彩反差。这些直径略有差别的臂饰应该是套在小臂上的。

首饰盒：烫金木
41.9 cm × 33.7 cm × 21.8 cm
臂饰：嵌有肉红玉髓、天青石和绿松石的银
直径 9~11 cm
入馆编号 53265, 53266, 52281
吉萨，赫特菲瑞斯一世之墓

象牙
高 7.5cm
入馆编号 36143
阿拜多斯

胡夫小型雕像

第四王朝，胡夫王时期（前 2551—前 2528）

这尊小小的雕像竟是世界上最雄伟陵墓的主人——赫赫有名的胡夫法老存世的唯一形象，这一定令人感到不可思议。这尊雕像是英国人皮特里于 20 世纪初在阿拜多斯的欧西里斯神庙附近出土的。欧西里斯神是阴间的最高统治者，在阿拜多斯，无论是统治者还是平民，都特别崇敬欧西里斯神。胡夫坐在椅背较低的王座上，头戴下埃及王冠，右手紧握权力的象征——神鞭，左手则放在压有百褶的短裙上。皮特里首先发掘了雕像的躯干，数星期后才找到雕像的头部。其脸部的刻画极具特点，与刻画其他法老的方式相距甚远，小眼睛、塌鼻子和宽嘴巴也许是这位法老真实面容的写照。从历史学家希罗多德的描述开始，这位法老残酷和邪恶的名声流传至今。在王座前方的王名框里刻有他多个名字中的一个，可能正是通过这一点辨认出了这尊雕像的身份。

哈夫拉雕像

第四王朝，哈夫拉王时期（前 2520—前 2494）

闪绿岩
高 168 cm
入馆编号 10062
吉萨，哈夫拉河谷神庙

这尊坐像毫无疑问是古埃及早期雕塑艺术风格的典范之作。哈夫拉是修建吉萨第二大墓葬群（包括狮身人面像）的法老，他端坐在宝座上。宝座侧面饰有狮子浮雕，狮子的四条腿化作宝座的四足；还饰有莲花和纸莎草的图案，分别代表上埃及和下埃及，象征上下埃及的统一。在坚硬的闪绿岩上，工匠精巧地雕刻出了哈夫拉的躯体：清晰的线条勾勒出法老有力的肌肉，这本身就是王权的体现。法老面容庄严肃穆，头戴内梅什巾冠，前额装饰有眼镜蛇，颌下有柱状胡须，均是王权的象征。然而，在此之外，一只鹰位于法老头颅的后面，双翼展开，保护着法老，这绝对是一个创新。这只从雕像正面无法看见的鹰代表荷鲁斯神，荷鲁斯神是欧西里斯神的儿子，每一位法老都被认为是荷鲁斯神的转世，这只鹰的存在强调了君权的神圣性。这尊坐像是马里埃特在哈夫拉河谷神庙发掘的，它与其他雕像一起构成了神庙的装饰——神庙是为这位法老举行祭礼的殿堂。

孟卡拉王三人组雕像

第四王朝，孟卡拉王时期（前 2490—前 2472）

灰绿岩
高 92.5 cm
宽 46.5 cm
入馆编号 40679
吉萨，孟卡拉河谷神庙

孟卡拉王三人组雕像是在吉萨孟卡拉河谷神庙内建造的相似雕像群的一部分。这些于 1908 年由瑞斯那尔出土的雕像表现出同样的肖像轮廓，彼此之间仅略有差别。法老庄严地立于中间，右侧是哈托尔女神，常以头戴太阳圆盘和牛角冠的形象出现，她与左侧的女性一起挽着君主。左侧的女性头顶刻有旗帜和阿努比斯神的形象，因此推断她是上埃及第十七诺姆的拟人化。两名女性都穿着紧身长裙，展现出两人丰满的身形，与法老健美强壮的身体形成对比。法老仅穿着压有百褶的短裙，两条长腿得以显露出来。法老头戴上埃及白色王冠，颌下有柱状胡须，这些是神权的典型象征。这些三人组雕像表达的是法老对哈托尔女神的敬意，特别之处是那些通过雕像拟人化的诺姆。由此可以推测，原本雕像应该有八组，因为在上埃及有八个主要崇拜哈托尔女神的诺姆，这些雕像用于装饰神庙内同样数目的祭台。

每一个三人组雕像的左侧女性都是王国一个诺姆的拟人化，这是这些三人组雕像的最大区别。每个形象都可根据女性头顶的图案辨识出来，例如，这尊雕像刻的是蹲坐的胡狼，是以“犬城”基诺波利斯为首府的诺姆的象征。

与雕像的其他部分一样，法老圆润的脸庞经过磨光，几乎是完全光滑的，这得益于工匠使用了并非特别坚硬的石材，因此可以对表情进行柔和的处理。孟卡拉庄严的表情与身侧两位女性的表情非常相似，但是两位女性比法老要矮一些，这体现了对等级的遵循。

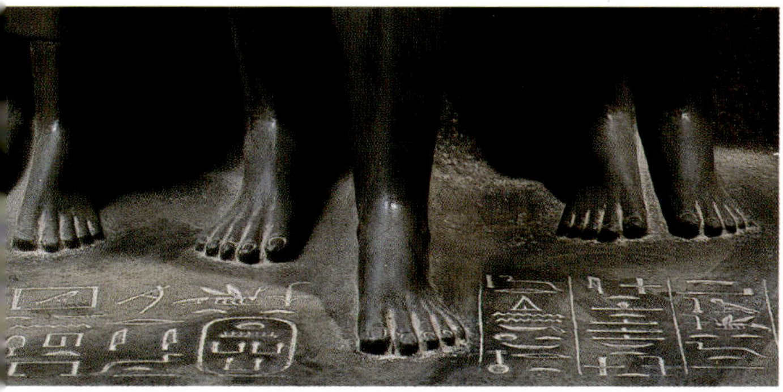

在三人组雕像的底座上，脚的前方刻有几行象形文字。雕像左边的文字为法老的名字，刻于王名圈内；旁边是哈托尔女神的名字，以及其称谓“埃及家庭的女神”；在诺姆拟人化的女性面前则是该诺姆向法老“奉献一切珍品”的誓言。

柯阿彼尔雕像

第五王朝，乌瑟卡夫王时期（前2465—前2458）

埃及榕
高112cm
总目录号34
萨卡拉，C8石室坟墓

马里埃特的几个工人在发掘这座雕像时，惊讶地发现雕像与他们的村长长得特别相像，所以就将这尊雕像命名为村长。这尊雕像是古埃及木制艺术品中的一个巅峰之作。写实风格是这尊雕像最突出的特点，因为雕像是这位肥胖的祭司柯阿彼尔的真实写照。祭司的后脚提起，展现出正在庄严迈步的样子，根据埃及的雕像规则，这尊雕像的形象在埃及雕像中是少见的。肥胖的身躯和长长的手杖表明了柯阿彼尔的地位，他被葬于法老乌瑟卡夫的金字塔附近的石室坟墓中。雕像的头部特别引人注目，眼睛由不透明的石英和天然水晶镶嵌而成，并由用于模仿眼线的铜质镶边固定。剃过的头发、丰满的脸颊和明显的双下巴让整张脸显得非常圆。这尊雕像原本应覆有石膏和彩绘，以掩盖木材的劣质；根据木雕的制作标准，它的两条胳膊是单独制成，随后嵌入躯干上已经凿好的洞当中的。由于木材容易腐烂，这尊雕像是为数不多的展示这一木雕制作标准的雕像之一。

斯尼布侏儒雕像群

第五王朝末—第六王朝初（前 24 世纪—前 23 世纪）

彩绘石灰岩
高 34 cm
宽 22.5 cm
入馆编号 51280
吉萨，斯尼布墓

这尊雕像是在由石灰岩建造的一间小内殿中出土的，雕像刻画了斯尼布侏儒一家。根据雕像上象形文字的记载，斯尼布是王室戏装保管的负责人，还是主持法老胡夫和杰德夫拉的祭祀仪式的牧师。斯尼布盘腿坐在长凳上，身旁是他的女祭司妻子，妻子伸出胳膊搂着他，这个举动表明妻子十分爱护和体贴这位身材畸形的丈夫。为了掩盖他畸形的体态，在雕刻时，工匠选择了盘腿而坐的形象，而且将头部雕刻得比较大。这个选择是非常完美的，因为这样可以把整个家庭置于一个理想的四方形中，一双儿女占据了斯尼布双腿的位置。赤身裸体的孩子将食指高举至口部，这是婴儿的典型动作。父亲是整个作品的核心，他畸形的体态促使工匠以独特的方式寻求作品的整体和谐。得益于工匠的精湛技艺，这尊雕像传递出了安宁的氛围，妻子嘴角的微微笑意似乎让斯尼布的畸形显得不那么难堪。

书吏像

第五王朝前期（前 25 世纪中期）

彩绘石灰岩
高 51cm
入馆编号 30272
萨卡拉

在古埃及，书吏是具有较高社会地位的职业，因能够书写，所以是整个国家官僚机器运转的重要组成元素。因此可以理解的是，书吏经常与其他行政、军事和神职的职务相联系，埃及领导阶层的成员骄傲地给自己冠以“书吏”的头衔，并经常选择以书写的姿态制作雕像。书吏像从胡夫王时期开始出现，一直延续于整个古埃及历史，直至末朝时期。书吏像基本上都是同样的形态，只在细微处有差别：男子盘腿而坐，膝上展开用以书写的纸莎草卷。这尊固定于黑色底座上方的雕像表现的是一位不知名的书吏休息和思考的一刻。雕像最引人注目的是他微红的面容：一双大眼睛显得十分突出，眼睛用铜线镶边，以模仿眼线。中分的黑色假发在肩膀上形成扇形，与身体其他部分形成鲜明的颜色对比，身体上有一些白色的部位（短裙和纸莎草卷）及一个大项圈（曾经是彩色的）。

酿啤酒的妇女雕像

第五王朝末期（前 24 世纪中期）

彩绘石灰岩
高 28 cm
入馆编号 66624
吉萨，梅瑞香克石室坟墓

从第四王朝开始，埃及开始盛行在墓葬品中加入仆人形象的圆雕。这些小型雕像的作用是在阴间为坟墓主人服务，让坟墓的主人在阴间继续享受美好的生活。这些石灰岩小雕像可追溯至第五王朝时期，成为后世用木材制成的雕像的雏形。这尊正在酿造啤酒的妇女雕像是栩栩如生和特别写实的，她正在将发酵的大麦面包揉进水里。妇女注视着前方，就好像前方站着什么人暂时打断了她的工作。妇女赤裸着上半身，露出丰满的胸部和一个简单的彩色项圈，她向前弯腰，以此施力用胳膊搅拌原料。妇女身穿简单的白色长裙，头戴短假发，额前能看见她自身头发的刘海。这尊雕像十分具有表现力，彰显着真实性和人性，与官方雕像的严格标准相比，这是“小人物”的艺术创作带有的特色。

鹰王冠

第六王朝（前 2323—前 2152）

金和黑曜石

高 37.5cm

入馆编号 32158

希拉康坡里斯，荷鲁斯神庙

在 1897 年至 1898 年对希拉康坡里斯神庙进行发掘时，奎贝尔发掘了这个华美的金制鹰王冠。很早的时候，这个王冠已经与其他祭祀品一同埋于中央祭台下方。荷鲁斯是这个城市的守护神，这座为荷鲁斯神献祭的神庙所在是埃及最古老的圣地之一。可能在前王朝时期就已经兴建了这座神庙，在中王国和新王国时期经历多次修复和扩建，最早的拟动物化雕像已经被埋入地下，换成了新的雕像。鹰王冠仍保持着古老的形象，鹰的身体可能是木制的，上面覆以细长的铜片，沿头饰底部用钉子固定。鹰王冠以写实风格雕刻而成，得益于精巧的金属工艺，金属的表面雕刻出了羽毛的图案。一双黑色的鹰眼射出凶猛和可怕的目光，眼珠是由一条横跨两端的黑曜石制成的，其两头打磨得浑圆。带有眼镜蛇的王冠支撑着上方的两排镂空羽毛，这可能是后来加上去的，大概比埋入地下的时间略早一些。在那个时期，古埃及人还会在荷鲁斯神像前放置一尊法老的小雕像，雕像固定在相同的底座上。

彩绘木材
高 59 cm
长 56 cm
总目录号 250
梅尔，尼安克佩皮之墓

头顶贡品的人小雕像

第六王朝，佩皮一世时期（前 2289—前 2255）

尼安克佩皮是埃及第十四诺姆的统治者，位于梅尔的一个坟墓的主人。这个坟墓出土了很多木制墓葬小雕像，尽管它们的制作非常简单，但在古王国末期的艺术制作领域却是新鲜事物。这些人物形象生动自然，与埃及王室的正统风格相距甚远。这些小雕像是新社会阶层出现的产物，新社会阶层起源于埃及各诺姆的统治者，从第六王朝开始，各诺姆的统治者地位逐渐提高，对中央王权构成损害。这尊小雕像表现的是三名正在行进的妇女，她们固定于同一个底座而且形态相同，梳着短发，身穿只有一条肩带的长裙。每个妇女的头上都顶着一个容器，不同之处是走在最前方的妇女只用单手托着容器。三个妇女从高到低排列，体现了一种侧面的视角，不同于埃及艺术通常采取的正面视角，而且可以从两个角度解读这个雕像。三个妇女可以被视为正在走向观察者的一个小团体，或者视为同一个妇女在行进中的三种姿态，这是埃及艺术家经常采取的表现手法。

孟图霍特普二世雕像

第十一王朝，孟图霍特普二世时期（前 2065—前 2014）

彩绘砂岩
高 138cm
入馆编号 36195
德尔巴赫里，孟图霍特普二世纪念碑

在古埃及经历了第一中间期的危机和分裂之后，孟图霍特普二世成功地重新统一了埃及，让整个埃及重新归于底比斯王朝的统治之下。他位于德尔巴赫里的庞大墓葬群已经变成废墟，1900 年，霍华德·卡特意外地发现了王室纪念碑的入口，从中出土了这尊厚实的雕像。色彩鲜明的雕像表现了一位极具权力的法老的形象：他身穿白色长袍，头戴下埃及的红色王冠，这两样是王权的象征；柱状胡须、交叉的双臂以及褐色的肌肤则是阴间之神欧西里斯神的象征——孟图霍特普二世在死后被认为是欧西里斯神的化身。因此这位法老既是人间的统治者，也是阴间的统治者。这尊雕像在出土时身上覆有亚麻布，它体现的不是优雅，而是结实和强壮，以展现这位法老的强大和健壮。

法老面部的线条十分硬朗，与整尊雕像的风格相符，他的嘴唇厚实平直，耳朵非常大，露于王冠之外。但极为生动的眼睛淡化了表情的僵硬，工匠在白色的眼眶中绘上了黑色的瞳孔。

握成拳头的手被涂成黑色，与露出前胸的白色服装形成鲜明反差，这种长袍是法老在节日时经常穿的，但是在正统雕像中比较罕见。交叉的双臂令人想起石棺中木乃伊所摆的姿势，这通常表示死者是欧西里斯神的化身。

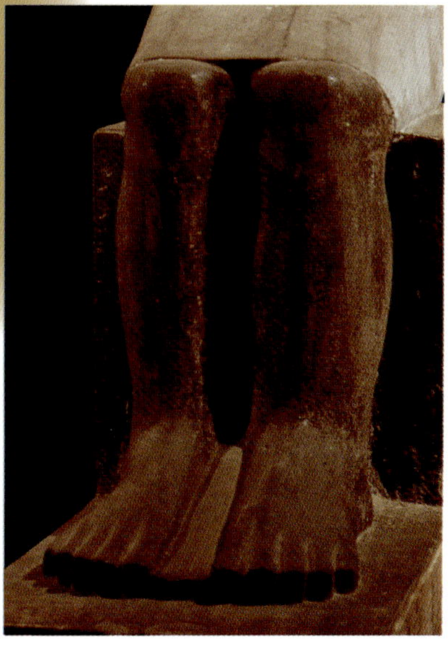

法老的双腿和双脚大而厚实，这是罕见的，而且完全不追求真实，就好像是刚在砂岩上粗略凿出来的一样。方形、实心的王座进一步让整尊雕像显得坚实厚重。

卡乌伊特石灰岩石棺

第十一王朝，孟图霍特普二世时期（前 2065—前 2014）

石灰岩
高 119cm
长 262cm
宽 119cm
入馆编号 47397
德尔巴赫里，孟图霍特普二世神庙

卡乌伊特是葬于位于德尔巴赫里的孟图霍特普二世墓葬群中的六名公主之一。在 20 世纪初，人们发掘了六个墓当中的三个，出土了三名公主的石棺，这三个墓很幸运地没有遭到盗墓者的光顾。石棺体现出王室艺术制品的杰出工艺，以这些宫廷女性为主角，展现了她们日常生活的场景。卡乌伊特公主的石棺由白色的石灰岩制成，在棺壁上刻有多个场景，忠实地再现了公元前第三个千年即将结束时埃及高级阶层的用品和服饰。拥有纤细身姿的公主坐在高高的椅子上，婢女和仆人正在服侍主人，为她打理头发，为她倒上用以涂抹身体的香脂，用乌翼形状的扇子为她扇风，或者是向她奉上盛着牛奶的杯子。从由石棺底部节选的这块浮雕上可以看出，一些细节刻画得是如此精细准确，例如带卷的短假发，或是公主数不胜数的珠宝，这是中王国时期大量制作金银饰品的前兆。

公主将杯子送至口边，品尝杯子里盛着的牛奶，公主端着杯子的姿势非常优雅。站在她面前的仆人正将牛奶倒入另一个杯子。仆人一边倒牛奶，一边说："为了你的灵魂（卡），公主。"正如他面前的象形文字所写的那样。

公主左手握着一面镜子的手柄，镜子是女性化妆时的必备之物。在公主的墓葬品中果然发现了一些镜子，其中有一些正是浮雕中的形状。这些镜子由金属（铜或银）制成，打磨得非常光亮，能够映照出人的面容；镜子的手柄塑造成纸莎草茎部的形状，茎的顶部开有花朵，正像浮雕中展示的这样。

对古埃及人来说，喝牛奶有着特殊的宗教含义。母牛是哈托尔女神的化身，因此来自母牛的饮品是重生和神化的重要源泉。

埃及士兵与努比亚弓箭手

第十一王朝（前 2135—前 1994）

埃及士兵：
彩绘木材
高 59 cm
长 169.5 cm
宽 62 cm
入馆编号 30986
亚西乌特，麦塞赫提墓

努比亚弓箭手：
彩绘木材
高 55 cm
长 190.2 cm
宽 72.3 cm
入馆编号 30969
亚西乌特，麦塞赫提墓

在第一中间期和中王国时期的墓穴中，除了表现日常生活的墓葬品，还出现了表现当时埃及历史－政治形势的模型。在亚西乌特地方长官麦塞赫提墓中出土了军队的模型，这些模型表明，在公元前第三个千年即将结束时，随着中央政权的衰落，地方统治者的权力和独立性不断增加。麦塞赫提希望他的个人军队能够到阴间陪伴他，军队是由埃及士兵和努比亚弓箭手组成的，他们作为雇佣军为麦塞赫提服务。这两支军队均由 40 人组成，站成 4 列，每列 10 人，全部固定于一块木头底座上。从整体上看，模型让人感到军队正在整齐划一地行军；同时，在细节上，每个士兵不同的身高和体态以及握着矛和弓箭的不同姿势又避免了给人单调的感觉。最细心的观察者能够发现每个士兵的不同之处，这是两组忠实反映现实的模型。

工匠采取了多种手法将埃及士兵刻画得栩栩如生，包括在盾牌上画上不同的图案，以此模仿包裹在盾牌外的动物毛皮的样子。

努比亚人的发型是符合埃及时尚的头盔形状的短发，其出色之处在于用一条白线表现出了头发的光泽。然而站在第一排的一名弓箭手却是与众不同的，他留着努比亚人传统的鬈发。黑色的面庞上，一双白色的大眼睛显得十分突出，这让他看起来十分生动。

努比亚士兵有着褐色的肌肤，他们戴着脚链和项链（用一条白色的细线表现），围着一条彩色的包裹臀部的缠腰布。缠腰布由身体两侧围至腹部，一条饰带环绕着缠腰布，饰带上带有几何图案。

清点家畜模型

第十二王朝，阿蒙涅姆赫特一世（前 1994—前 1964）

彩绘木材
高 55cm
长 173cm
宽 72cm
入馆编号 46724
德尔巴赫里，麦克特瑞之墓

1919 年至 1920 年，纽约大都会艺术博物馆在德尔巴赫里进行挖掘工作，发掘了宫廷大臣麦克特瑞之墓，从中出土了由许多木制模型组成的墓葬品，这些模型现在存于纽约大都会艺术博物馆和开罗埃及博物馆。模型展现了日常和乡村的生活，极为写实地描绘了古埃及人的用品和服装，把从古王国时期起在墓穴墙壁上绘制的图画变成了立体的场景。在这个清点家畜的场景中，一些牧场主用木棍和绳索驱赶着牛群向前走。麦克特瑞坐在一个带柱的楼阁里，与他的儿子和记录员一起在纸莎草上记录走过面前的牛的数目。该模型动感十足，驱赶牛群的人的姿势和动作各不相同。牛的颜色多种多样，人物身上的衣服是真实的布料，这些都体现出埃及艺术家出色的观察力和对真实的追求，他们简直是想要把乡村的普通生活场景永远缩印下来。

织布模型

第十二王朝，阿蒙涅姆赫特一世（前 1994—前 1964）

彩绘木材
高 25 cm
长 93 cm
宽 42 cm
入馆编号 46723
德尔巴赫里，麦克特瑞之墓

在宫廷大臣麦克特瑞的墓穴中还出土了这组模型，若是观察者从高处看这组模型，简直会有一种“窥视”织布作坊内劳作的感觉。织布作坊内一片忙碌的景象：一些妇女围绕着两架织布机席地而坐；一些妇女拿着纺锤，缠绕在纺锤上的是真正的线，表现的是纺纱的场景；工具、容器和线团分散在房间各处，一些纺织工身披一片布料，布料在肩膀处打了一个结。整个模型十分写实，相当于纺织活动的一张剖面图。在古埃及，主要是妇女在纺织作坊从事纺织活动，用于服装、床上用品和寿衣的布料不断被制作出来，甚至供奉给宫廷。古埃及的纺织品在整个古代世界都是非常珍贵的，而且会向近东多个国家出口。

女性小像的头部

第十二王朝，阿蒙涅姆赫特一世（前 1994—前 1964）

烫金彩绘木材
高 10.5 cm
入馆编号 39390
利希特，阿蒙涅姆赫特一世金字塔附近

在利希特的王室墓葬区，伫立着阿蒙涅姆赫特一世金字塔，20 世纪初在金字塔附近出土了这个小巧精致的女性木制头像。头像原本是一座完整雕像的一部分，在此之后还出土了雕像的手臂部分。头像高贵的神态以及出土的地点不禁让人猜测这可能是一位公主甚至王后的雕像。制作雕像的木材经过细腻的打磨，尽管镶嵌的眼睛已经遗失，但仍能看出女性脸庞那纤细优雅的线条。黑色厚重的假发套是另外制作好之后在头部固定的。假发套在额头上方空出了一部分，人们推测原本这里可能戴着用以表明其王室身份的王冠。假发套上嵌有方形的小金箔（只有一部分留存下来），以模仿带有珠宝的华贵头饰。

象牙
高 7.8cm
长 15.8cm
宽 4.5cm
入馆编号 63858
利希特

三个跳舞的小矮人

第十二王朝（前 1994—前 1781）

这件文物尽管很小，用途也不明确（可能是孩子的玩具或者仪式上用的物品），但却是罕见独特的艺术品。这是在一个名为哈皮的小女孩的墓穴中出土的。小女孩葬于利希特的墓葬区，根据传统，她的墓葬品应该包括一些陪伴她到阴间的玩具。象牙制成的三个矮小的俾格米人固定在滑轮形状的底座上，轮子形状的底座又固定在一块长方形的底座上，长方形的底座上穿有小孔。根据精巧的设计，在各个孔穿好线之后，通过拉动这些线，小矮人可在滑轮上旋转跳舞。这个雕像还缺少存于纽约大都会艺术博物馆的第四个小矮人，那个小矮人做出的是拍掌的动作，以打出舞蹈的节奏。三个小矮人看起来栩栩如生，表情生动，动作非常有特点甚至是滑稽可笑的，弯曲的小短腿支撑着他们的身体；他们穿着简单的衣服，其中两个人还戴着穿有大颗珍珠的项链。这个舞蹈可能是举行祭礼时所跳的舞蹈，因此雕像隐含宗教意味。制作这件作品的工匠肯定在近处观察过这些俾格米人。古王国时期，俾格米人已经被从非洲中南部带至埃及，以取悦法老和整个王室。

尼罗河神形象的阿蒙涅姆赫特三世双身像

第十二王朝，阿蒙涅姆赫特三世时期（前1842—前1794）

灰色花岗岩
高160cm
宽100cm
入馆编号18221
塔尼斯

阿蒙涅姆赫特三世的双身像极具独创性，在两尊人像面前是盛满鱼的盘子，莲花、禽鸟和鱼似乎正从盘子中滑落，这是埃及动植物繁盛的象征。阿蒙涅姆赫特三世的面部线条具有那个时代的典型特征，他头上戴着带有辫子的假发套，下颌装饰着前王朝时期使用的带有横条纹的胡须。健壮赤裸的上身因贡品盘的重量微微向前倾。整个躯体经过精雕细琢，背面也是如此，从背面可以欣赏到结实的臀部和大腿。为了不破坏双身像的对称美，雕刻家让双身像位于外侧的腿都向前迈了一步，这在古埃及艺术中是前所未有的，因为这打破了传统的左脚前迈的惯例。整尊雕像可以看成阿蒙涅姆赫特三世被塑造为人间法老和神化法老的双身展示。法老被神化为尼罗河神，尼罗河神是尼罗河的保护神，尼罗河的存在让古埃及人得以开展农业和渔业活动，维系尼罗河岸人民的生活。在第二十一王朝时期，法老普苏森尼斯将雕像带至塔尼斯，用这尊雕像和另外两尊雕像装饰王朝新的都城。

赛泰苏瑞内特金冠

第十二王朝，阿蒙涅姆赫特三世时期（前 1842—前 1794）

从位于拉罕、代赫舒尔和哈瓦拉的墓穴中出土了第十二王朝时期的几位公主的墓葬品。这些墓葬品展现了中王国时期金饰品的工艺水平，包括做工精致的项链、王冠、臂饰、脚链、腰带和镜子，是代表埃及艺术的巅峰之作。赛泰苏瑞内特是辛努塞尔特二世的女儿，于阿蒙涅姆赫特三世时期逝世，随后葬于其父位于拉罕的金字塔附近。1914 年，佩特里发掘了赛泰苏瑞内特的墓穴，从她的墓穴中出土了这个精美的王冠，当年这个王冠应该是戴在饰有金箔的假发套之上的。金冠以环状的头箍为中心，头箍上饰有一系列玫瑰形次贵重宝石，头箍前部带有象征王权的眼镜蛇装饰；头箍上下皆以金叶片装饰，上面的一组叶片立起，而下面的三组叶片呈下垂状，落在假发上，随公主的步伐摆动。玫瑰形次贵重宝石和眼镜蛇装饰是由天青石、肉红玉髓和绿珐琅制成的，眼镜蛇的头部完全由天青石制成，还嵌入了石榴石作为眼睛。

金、天青石、肉红玉髓、绿色珐琅
高约 44 cm
宽 19.2 cm
入馆编号 44919
拉罕，辛努塞尔特二世墓葬群
赛泰苏瑞内特墓

梅赫赫特胸饰

第十二王朝，阿蒙涅姆赫特
三世时期（前 1842—前 1794）

金、肉红玉髓、绿松石、天青石
胸饰高 7.9cm，宽 10.5cm
入馆编号 30875　总目录号 52003
代赫舒尔，辛努塞尔特三世墓葬群
梅赫赫特之墓

这件精美的胸饰是辛努塞尔特三世之女梅赫赫特公主的墓葬品，可能是她的哥哥——辛努塞尔特三世的继任者阿蒙涅姆赫特三世赐给她的。梅赫赫特公主的墓穴于 1894 年出土，其中发现了包括这件胸饰在内的丰富的墓葬品。胸饰由黄金、天青石和肉红玉髓制成，带有两条由黄金制成、嵌有次贵重宝石的链子。模仿神庙结构的框架内有各种符号和象征。这幅图案想要表现的是正在击杀敌人的强有力的法老形象，在古埃及是很常见的。上方展翅的秃鹰是“天空夫人”奈赫贝特女神的化身；在它下方，以对称方式表现的是法老正抓着一个囚犯的头发，用权杖击打他。胸饰的中间是王名圈，王名圈内刻有阿蒙涅姆赫特三世的王衔。为了填补空出来的地方，制作者嵌入了很多具有象征意义的象形文字符号。胸饰的背面完全由黄金制成，制作者用细腻的雕工在黄金上雕刻出了同样的图案。

奈赫贝特女神与瓦吉特女神是埃及王权的守护神。在这个胸饰上，奈赫贝特女神化身秃鹰的躯干和翅膀被制作得极为精美。在秃鹰的旁边饰有女神的称号（“天空夫人”和“上下埃及的统治者”），秃鹰正在向法老赐予象征生命和稳定的象形文字符号。

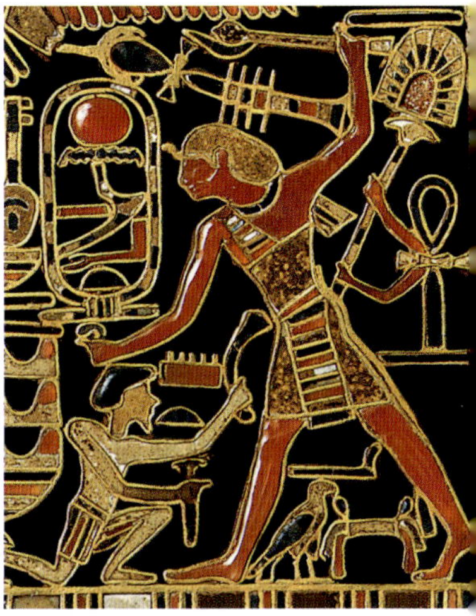

法老戴有眼镜蛇额饰和乌瑟克项圈，身穿带有一条肩带的上衣，肩带的褶皱与短裙的褶皱相同，也与法老巾冠下方的穗带款式相同。法老身体前倾，做出即将击打囚犯的样子，这个场景表现出了法老的力量。

敌人旁边的文字以及与埃及人风格不同的胡须表明这个敌人是外国人。他跪在法老的面前，胳膊抬高，向法老递上自己的武器。从胸饰背面的金板上更能看清楚敌人脸部和头发的细节。

河马

第二中间期（前 1781—前 1550）

蓝色珐琅
高 11.5cm
长 21.5cm
入馆编号 21365
德拉 – 阿布 – 纳加

在中王国时期和第二中间期的墓葬品中，以珐琅工艺制成的小河马是十分常见的，也是古埃及最著名的艺术品之一。河马雕像通常为鲜艳的蓝色，表现的是自前王朝时期开始就遍布三角洲沼泽地的大型哺乳动物。古埃及人将河马视为一种拥有两种意义的动物。残暴、贪吃和毁坏收成的雄河马被认为是邪恶的象征，等同于邪恶之神赛特——他试图在北方的沼泽地区发动袭击，有时候甚至针对法老本人率领的车队。雌河马则具有慈爱和消灾的含义，古埃及人将雌河马当作保护孕妇和孩子的塔沃里特女神的化身。河马雕像一度广泛流行，后在第十七王朝末年逐渐消失。河马雕像的表面进行了传统的上釉，眼睛、嘴巴和耳朵被涂以黑色，身体上还绘有一些表现大自然的图案。通常来说，这些图案包括莲花和其他水生植物，用以表明河马生活的环境。

金
项链：长 59cm
挂件：长 9cm
入馆编号 4694
德拉 – 阿布 – 纳加

带有苍蝇形状小挂件的项链

第十八王朝，雅赫摩斯王时期（前 1550—前 1525）

这个项链是埃及艺术品中极具优雅风格的上乘之作，由一条金链和三个苍蝇形状的挂件组成，挂件是由一片厚金箔雕刻而成的。尽管造型简单，但很容易辨认出这种动物，它们有着光滑的翅膀，在翅膀顶端，两只圆圆的大眼睛与经过雕琢的躯体连在一起。1859 年，马里埃特的助手在发掘德拉 – 阿布 – 纳加墓地时，出土了包括这条项链在内的珍贵文物，据当时的记载，项链出土于那赫特普王后之墓。然而，同时出土的文物还包括明显具有军事含义的匕首和斧头，与一位王后的墓葬品不相称。另外，这个项链本身代表的是“功勋之金”，是用来奖励在战场上奋勇杀敌的军人的。对这个反常之处，有两个不同的假设：一是项链和武器是那赫特普的儿子卡摩斯和雅赫摩斯作为小礼物送给母亲的，这两人都是与希克索斯人英勇斗争的法老——事实上，在马里埃特的助手出土的一些文物上，出现过两位法老的名字；二是具有军事含义的文物原本是两位法老的墓葬品的一部分，并非来自于那赫特普王后之墓，而是来自于距离很近的其他地方。

那赫特普棺木

第十八王朝，雅赫摩斯王时期（前 1550—前 1525）

经粉刷和贴金的木材，雪花石膏和黑曜石
长 212 cm
入馆编号 4663
德拉－阿布－纳加，那赫特普之墓

那赫特普王后的木乃伊葬于德拉－阿布－纳加的墓穴，置于巨大的棺木中，棺木表面是一层灰泥，上面覆有一层薄薄的金箔。这种“羽毛”棺木在第二中间期十分流行。死者的身体仿佛被厚厚的羽毛包裹，羽毛象征着伊西斯女神的翅膀，被羽毛包裹则象征伊西斯拥抱和保护着那赫特普的木乃伊。优美精致的面容上嵌有用雪花石膏和黑曜石制成的非常有生气的眼睛；头上戴有厚重的假发套，末端的头发盘成了两个大旋涡，并以一个深色的核心作为装饰。头上曾一度饰有象征王权的眼镜蛇，眼镜蛇可能以金属制成，长长的尾巴一直延伸到那赫特普的前额。王后似乎戴着一条巨大的次贵重宝石项链，其上雕刻有瓦吉特女神与奈赫贝特女神，她们分别以蛇和秃鹰的形象出现，是王国统一的象征。王后的躯体尽管没有经过太多雕琢，但雕刻家还是尝试保持写实的风格，在棺盖下方雕刻了几条竖线，以此显示腿部的线条。那赫特普的名字以象形文字刻于棺盖中央的王名圈内。

雅赫摩斯－梅丽塔蒙棺木

第十八王朝，阿蒙霍特普一世时期（前1525—前1504）

黎巴嫩雪松
长313.5cm
入馆编号53140
德尔巴赫里，TT 358岩石墓穴

壮观的外形、珍稀的材质和精美的工艺让这个棺木成为新王国时期艺术品中的杰作。从棺木中央的象形文字可以推断出，棺木的主人是雅赫摩斯－梅丽塔蒙。她的身份一直是人们讨论的话题，因为在第十八王朝，有两位王后都叫这个名字，分别是阿蒙霍特普一世和阿蒙霍特普二世的妻子。棺木是在位于德尔巴赫里的一个小型墓穴中发掘的，这个墓穴后来还葬有其他木乃伊。棺木由珍稀的黎巴嫩雪松制成，这是极为罕见的。棺盖原本应覆有金箔并嵌有次贵重宝石，但是在古代就已经被盗墓者盗走了。到了第二十一王朝，经底比斯祭司进行修复后，由黄釉代替了部分被剥离的金箔，由蓝色的颜料代替了原来镶嵌的次贵重宝石，由彩色玻璃代替了黑曜石、雪花石膏和天青石。雕刻家以精巧的雕工在雪松上雕刻并打磨出了王后的容貌，细腻地表现出王后柔嫩的脸颊和柔软的嘴唇。王后两手握有纸莎草杖（重生和青春的象征），双手交叉置于胸前的网状图案上。棺木的下半部分浅浅地刻有羽毛图案。

彩绘石灰岩
高 61 cm
入馆编号 56259 A – 56262
德尔巴赫里，哈特谢普苏特陵寝

哈特谢普苏特巨型头像

第十八王朝，哈特谢普苏特女王时期（前 1479—前 1458）

在古埃及漫长的历史上，哈特谢普苏特既不是第一位，也不是唯一一位坐上王座的女性，但她是唯一一位选择以男性法老形象示人的女王，她将男性的一些外貌特征与女性的一些特征结合起来。她的陵寝位于德尔巴赫里一处天然形成的半圆形峭壁底部，在这宏伟的陵寝里矗立着许多已部分缺失的巨大雕像，这些雕像被雕刻成阴间之神欧西里斯神的样子，以此强调她死后与欧西里斯神同化。这些雕像倚着陵寝第三层也是最后一层的柱子，这个巨大的头像属于这当中的一个。头像的表面奇迹般保留着原来的颜色，哈特谢普苏特的肤色是男性石像的传统褐色。她的脸部展现了符合那个时代雕塑艺术的优美线条，在继任者图特摩斯三世在位时仍可看见这种艺术风格。头像的眼睛周围涂有浓厚的眼线，一直延伸至鬓角，大大的瞳孔流露出富有魅力的目光，嘴角则露出轻柔宁和的微笑。代表埃及统一的红白双冠只残留了底部边缘，这里曾嵌有眼镜蛇额饰。作为法老神权象征的柱状胡须也已经破碎，但能看出蓝色彩绘的痕迹。

蓬特之旅的浮雕

第十八王朝，哈特谢普苏特女王时期（前1479—前1458）

彩绘石灰岩
高49cm
宽45cm
入馆编号14276-89661
德尔巴赫里，哈特谢普苏特陵寝

蓬特是东非的神秘地带，具体位于哪里依然众说纷纭，可能在现在的索马里、苏丹或是厄立特里亚。从古王国时期开始，法老就派出探险队前往蓬特获取埃及所没有的珍贵原材料，例如象牙、黑檀、乳香、没药、黄金以及一些野生动物。据资料记载，大多数情况下，探险队都是从海路沿红海海岸前往蓬特的。哈特谢普苏特掌权初年也曾派出一个人数众多的队伍前往蓬特，队伍由宫廷大臣帕内赫斯率领，目标是用埃及的产品换取异国的珍品。在哈特谢普苏特陵寝第二层南面的柱廊内，一些浮雕正表现了这一漫长的旅程。这是最早的“历史浮雕”，在此后广为流行，用以记录重要的事件，特别是军事性质的事件。这些表现蓬特之旅的浮雕有一部分仍留在哈特谢普苏特陵寝内。浮雕讲述了埃及人抵达蓬特并与当地人会面的经过。特别有趣的是蓬特国王与王后的身材比例，国王骨瘦如柴，留着长长的胡子，一把匕首插于腰间；王后跟随在国王身后，肥胖得都变了形。以近乎讽刺画的手法、独特的写实风格雕刻的王后有明显的黑人特征，而且似乎感染了皮脂腺病。

彩绘石灰岩
高 225 cm
宽 157 cm
进深 404 cm
入馆编号 38574
德尔巴赫里

哈托尔小庙

第十八王朝，图特摩斯三世时期（前 1479—前 1425）

在位于德尔巴赫里的哈特谢普苏特陵寝和邻近的孟图霍特普二世陵寝之间，图特摩斯三世建造了一座向哈托尔女神献祭的小庙。在底比斯的陵园里，哈托尔一直作为“西方女士”和死者的保护神得到崇拜。小庙是在 1906 年偶然发现的，保留了颜色鲜艳的彩绘，现于埃及博物馆的一个展室内进行展示。小庙的底部描绘了法老正在向阿蒙－拉神献祭品的场景；侧面的墙壁上，图特摩斯三世与妻子和两名公主向化身为牛头人身的哈托尔女神献祭酒。在这个小庙内部出土了一尊牛（哈托尔的象征）的雕像，位于牛角间的太阳圆盘、眼镜蛇和两片很高的羽毛，都是神性的象征。根据牛后颈上所刻的王名圈，雕像可追溯至阿蒙霍特普二世和图特摩斯三世时期。以动物形象出现的女神正在为一位婴儿法老哺乳，法老以二维的形式画在牛的四腿之间。长大成人而且已经完全掌握王权的法老得到牛的保护。

尤亚棺木

第十八王朝，阿蒙霍特普三世时期（前 1387—前 1350）

贴金木材、金箔、玻璃、雪花石膏和肉红玉髓
长 204 cm
总目录号 51004
帝王谷，尤亚与图亚之墓

尤亚与图亚是埃及历史上最著名的王后之一——泰雅的双亲。泰雅是阿蒙霍特普三世的妻子、阿蒙霍特普四世－埃赫那吞的母亲。埃赫那吞是在第十八王朝时期对埃及宗教和艺术实施深刻变革的法老。尤亚的故乡是艾赫米姆，他是平民出身的祭司，得益于与法老的姻亲关系，得以葬在位于帝王谷的王室陵园。他的陵墓于 1905 年出土，尽管在古代已经被盗，但墓穴中除了这对夫妻的棺木外仍存有丰富的墓葬品。尤亚最内层的棺木经过精雕细琢且特别注重细节，棺身和棺盖的表面覆有金箔，内部则包有银片。在人形棺盖上，雕刻有死者俊美的容貌：他表情平静，头戴条纹假发套，耳朵露于外面；眼睛由雪花石膏（眼眶）和玻璃（瞳孔）制成，内眼角还带有一点红色，眼线和眉毛由蓝色的玻璃制成。他的胸前镶嵌有巨大的项圈，项圈由多层次贵重宝石组成；在项圈的下方，雕有奈赫贝特女神的化身——秃鹰展翅的形象；在其下方，还有天空之神努特的形象。文字、其他与神有关的图案和法术符号组成了棺身和棺盖的装饰图案，作用是保证尤亚能够安息。

经粉刷的布料、金箔、玻璃、雪花石膏
高 40cm
入馆编号 95254
帝王谷，尤亚与图亚之墓

图亚面具

第十八王朝，阿蒙霍特普三世时期
（前 1387—前 1350）

图亚的木乃伊与其丈夫的同葬于帝王谷的陵墓中，存放于棺木内，头部按照传统戴着面具。古埃及人认为面具可以保护面部，且永久保存死者的身份。在面具上方盖有一层亚麻面纱，面纱在假发套和项圈上留下了深色痕迹。近期在对裂成两半的面具进行修复时，面纱被取了下来。图亚的面部是较为宽阔饱满的，所戴的假发套也进一步衬托了她的脸型。她的眼睛由彩色玻璃和雪花石膏制成，呈细长形，是阿蒙霍特普三世时期常见的艺术风格。覆盖在死者胸前的巨大项圈是由镶嵌图案组成的，表现的是由多层次贵重宝石模仿琵琶的象形文字和花卉图案。项圈的两端是莲花形状，位于两肩之上，是重生的象征。

海普之子阿蒙霍特普雕像

第十八王朝，阿蒙霍特普三世时期（前 1387—前 1350）

灰色花岗岩
高 128cm
入馆编号 44861
卡纳克，阿蒙－拉神庙

海普之子阿蒙霍特普在古埃及时期就作为一名贤人名扬埃及。他拥有神奇的能力，是阿蒙霍特普三世宫廷中的一名重臣，为阿蒙霍特普三世打造了一些雕像，并在底比斯地区兴建了一系列宏伟的建筑。因其极具重要性，法老特别允许他在底比斯的西岸（现名为哈布城）享有一座自己的葬庙（现已被毁）。海普之子阿蒙霍特普还享有在古埃及的重要圣地——卡纳克的阿蒙－拉神庙放置自己雕像的荣耀。其中一尊雕像将他雕刻为书吏形象，以强调他是一个有文化和学问的人。这种雕刻形态是中王国时期的特征，也表明他对“古典”时期感兴趣。海普之子阿蒙霍特普的脸型是他所生活的那个时代的典型脸型；他身体前倾，面向置于腿上、刻有象形文字的纸莎草书。他的左肩上挂着调色板，前胸和右肩上刻着带有阿蒙霍特普三世名字的王名圈。肥胖的身躯表明他优越的社会地位，这是埃及艺术中特别常见的表现方式。

彩绘木材与象牙
高 14cm
入馆编号 31382
奢赫阿布得库尔纳，哈蒂亚之墓

扛着香脂罐子的人

第十八王朝，阿蒙霍特普四世－埃赫那吞时期
（前 1350—前 1333）初期

埃及艺术家敏锐准确的观察能力经常在一些与宫廷的奢华艺术品无关的日用小物品上得到体现。这个小型的香脂容器就是如此。这是在底比斯地区葬有一名男子和三名女子的合葬墓穴中出土的。这个容器被雕刻为一名仆人扛着罐子的模样，形象地表现出了仆人肩负重担的样子。罐子的外形与叙利亚陶瓷制品相似，顶部的盖子通过细绳与耳柄相连，这样的设计可将盖子固定在罐子上。罐子上绘有几何图案，凸肚上的图案以自然为主题，用象牙镶嵌的小牛欢快地在灌木丛中跳跃。仆人用两手举着罐子，栩栩如生。为了扛住罐子，他光秃的头部向前伸出，腿部也成半跪姿势，在他的腿上，压有百褶的短裙呈扇形展开。

游泳女子形状的化妆匙

第十八王朝，前 1350 年前后

彩绘木材
长 30.5 cm
宽 5 cm
高 6.2 cm
入馆编号 28737
法尤姆，古罗布

第十八王朝的墓葬品开始出现一系列化妆用具，这些用具颇具独创性，曾受到自然界的启发。盛放化妆墨、香脂、梳子、头发上别的别针以及镜子的容器表明这个时期的手工业极为发达，手工艺人不仅为精英阶层服务，也为中等阶层服务。在这个时期，游泳女子形状的化妆匙非常流行，现已在墓穴中被大量发现，可能在当时已经用于现实生活。这些化妆匙大部分以木材制成，有些可能以象牙制成，匙柄部分是一个赤裸少女的形状，摆出游泳的姿势，两条胳膊向前伸，以支撑容器，容器的外形可以是多种多样的。在这件藏品上，少女的身形非常纤细而且经过打磨，她戴着带有鬈发的假发套和一个蓝色的项圈。她的双手支撑着一个鸭子形状的容器，鸭子的翅膀应该是容器的盖子，但没有留存下来；鸭子的头部是单独制作的，羽毛被涂成了淡蓝色。关于这种化妆匙的用途有多种说法：一些人认为这是盛放胭脂或香脂的真实容器；一些人则认为化妆匙更多的是象征消灾性质的，用于保护死者。

砂岩
高 185cm
入馆编号 49528
卡纳克，阿吞神庙

阿蒙霍特普四世残像

第十八王朝，阿蒙霍特普四世 – 埃赫那吞时期
（前 1350—前 1333）初期

在刚登基不久，尚未将王国的首都迁至埃赫塔吞（阿玛尔纳）的时候，阿蒙霍特普四世在卡纳克的阿蒙 – 拉神庙附近兴建了一座用于向太阳光轮阿吞献祭的神庙。阿吞很快成为古埃及官方宗教中不仅仅是最高而且唯一的神，而法老本人也成为人民与神交流的唯一中介，这引发了一场前所未有的宗教改革，也带来了艺术领域根本性的创新。这尊巨像与其他巨像一样倚靠着阿吞神庙庭院中的石柱，法老戴有常见的王权象征——内梅什巾冠、眼镜蛇额饰，具有柱状胡须，手中握着权杖和神鞭。但是整个作品的风格是全新的，与其父阿蒙霍特普三世时期流行的优雅和细腻的雕刻风格相距甚远，特别是法老的面部和身躯严重变形。一些学者认为，这是埃赫那吞患有遗传病的证据，特别是在阿蒙霍特普四世登基初期，长方形的头骨、狭长的眼睛、厚实的嘴唇、尖尖的下巴、像女人一样的身体是法老雕像不变的形象，王室家庭其他成员也曾被雕刻成这种形象。这种艺术风格的形成原因依然是一个谜，但是它在后世的艺术史上留下了不可磨灭的痕迹。

刻有祭拜阿吞神场景的浮雕

第十八王朝，阿蒙霍特普四世－埃赫那吞时期（前1350—前1333）

彩绘石灰岩
高 53cm
宽 48cm
厚 8cm
阿玛尔纳，王室墓葬区

这块浮雕出土于埃赫塔吞王室墓葬区的阿蒙霍特普四世－埃赫那吞陵墓，埃赫塔吞是埃赫那吞为远离底比斯而在埃及中部地区兴建的新首都，因为底比斯与阿蒙－拉神崇拜和祭司有密切的联系。浮雕表面有一些红色方格的痕迹，一些人认为，这些方格是为了在陵墓的墙壁上复制这幅画而画上的。这块浮雕刻画的是，由埃赫那吞、王后涅弗尔提提和两个女儿组成的王室家庭正在祭拜阿吞神的象征——太阳光轮。整个作品的焦点正是太阳光轮，它的每一道光芒化为带有手掌的长长的手臂，一些手掌里握有权力和生命之符，这是阿吞神对法老的馈赠。王室家庭成员站在堆满献给阿吞神的祭品的桌子前，身高依次递减，以表明他们不同的地位，同时也用以突出这块浮雕的三角形构图，太阳光轮是这幅图像的顶点。整幅作品是特别饱满和复杂的，可进行多层次的解读，就像太阳光轮的手臂所体现的那样。王室家庭祭拜阿吞神的主题是埃赫塔吞带来的新主题，在这一时期，还出现了表现王室家庭其乐融融的作品，这在埃及艺术史上开了先河。

可以看出法老的面部是红色的，这充分体现出古埃及的艺术传统。巨大的王冠更加凸显长方形的头骨，纤细的脖颈似乎费力地支撑着这个头骨。不应将狭长的眼睛、厚实的嘴唇、尖尖的下巴理解为对法老容貌的真实刻画，而应视为完全改变此前艺术风格的意志体现。

在浮雕和雕像上，埃赫那吞总是有着突出的腹部和肥硕的大腿，就像是讽刺漫画里所画的人物。法老所穿的贴身百褶短裙更加凸显了他的身材，向下弯的裙腰露出了松弛下垂的腹部。

阿玛尔纳时期之初怪异的外貌风格成了王室家庭所有成员的刻画标准，偶尔有一些作品例外。在这块浮雕上，涅弗尔提提也是以同样的风格被刻画的，拉长的头部戴有厚重的假发套，假发套之上则是一个复杂的王冠。

王后头像

第十八王朝，阿蒙霍特普四世 – 埃赫那吞时期（前 1350—前 1333）

黄褐色石英石
高 18cm
入馆编号 45547
孟菲斯，麦伦普塔赫宫殿

毫无疑问，在法老麦伦普塔赫位于孟菲斯的宫殿基座下出土的这尊美丽头像展现的是阿蒙霍特普四世 – 埃赫那吞美丽的王后涅弗尔提提。头像原本是由多个部位组装在一起的一尊雕像的一部分，而且镶嵌有眉毛和眼睛。阿玛尔纳风格在这个作品上明显得到了改善和软化，不再像埃赫那吞登基初期的艺术风格那样怪异。事实上，雕刻家在石英石上对王后的容貌进行了精雕细琢，石英石的暖色以及略微不光滑的表面让王后的容貌看起来栩栩如生，她的表情是一种傲慢的温和。眉毛和眼睛应该是由玻璃或次贵重宝石制成的，这有助于让整个雕像看起来更加栩栩如生。依然饱满的嘴唇已然告别了前期雕塑和浮雕中夸张的风格，拥有完美的线条，唇瓣看起来尤为性感。这尊雕像的作者的艺术水平在一些小细节上得到进一步体现，例如在眼皮上方刻上深刻的线条，以及利用石英石本身颜色上的细微差别表现出层次感。头像与在位于阿玛尔纳的工匠作坊出土的其他雕像拥有相近的风格，这些雕像包括现收藏于柏林埃及博物馆的著名胸像。

彩绘地板砖

第十八王朝，阿蒙霍特普四世 – 埃赫那吞时期（前 1350—前 1333）

彩绘石膏
高 101 cm
宽 160 cm
入馆编号 33030/1
阿玛尔纳，玛鲁 – 阿吞宫殿

埃赫那吞在阿玛尔纳地区兴建了新首都埃赫塔吞，作为大型的城市中心，这个地方汇集了所有重要的民间、政治和宗教建筑。祭拜阿吞的神庙、王室宫殿、仓库、私人住宅、工匠作坊和岩石墓穴在这座城市交织，约 20 年的时间里，这座城市是国家的中心；在埃赫那吞逝世后，这座城市马上被废弃，首都重新迁回底比斯。正是由于居民的迅速逃离，这座城市的布局仍然保持着原有特色，而且有利于重要文物的发掘。在 19 世纪末，这个地区出土了第一批文物，从位于埃赫塔吞南部地区的玛鲁 – 阿吞王室宫殿出土了这块描绘大自然的彩绘地板砖。在纸莎草、水生植物和莲花之间，三只野鸭在飞翔。从这块珍贵的建筑装饰上，不难想象整个宫殿是多么的奢华。墙上绘有图案，基座饰有彩色珐琅，这一定是当时流行全国的装饰风格，但没有多少作品留存下来。

图坦卡蒙金面具

第十八王朝，图坦卡蒙王时期（前 1333—前 1323）

厚金板、天青石、肉红玉髓、黑曜石、绿松石和玻璃
高 54cm
入馆编号 60672
帝王谷，图坦卡蒙墓

1922 年，霍华德·卡特发掘了尚未被盗墓者光临的图坦卡蒙墓，在这位年轻法老的木乃伊头上发现了这个金面具。贵重、奢华和做工精细的金面具享誉全世界，通过它，人们得以窥见王室墓葬品该是何等的华丽。这些墓葬品中的大部分在古代就已经失踪或是被毁。如果注意到图坦卡蒙并不是埃及历史上功绩卓著的法老，而只是一个年纪轻轻就逝世的法老，就会更加为埃及的奢华感到震惊了。在阿玛尔纳“革命”后，埃及逐渐恢复原有的宗教和政治模式，图坦卡蒙正是这个时期的法老。作为最杰出的金制品，金面具刻画了法老经过美化的容貌，轮廓与埃赫那吞时期的完全不同，显得更为匀称和优雅，从眼睛和嘴唇上就可以看出这一点。图坦卡蒙戴有传统的王权象征——内梅什巾冠（条纹是用天青石在厚金板上镶嵌而成的）、眼镜蛇和秃鹰额饰（瓦吉特女神与奈赫贝特女神的化身，象征埃及统一），具有柱状胡须（象征法老与神同化）。

眼镜蛇和秃鹰在法老额前向前探出，保护法老免受敌人侵袭，十分具有威胁性。它们是用一系列彩色的次贵重宝石和玻璃在金板上镶嵌而成的。眼镜蛇长长的躯干盘旋在内梅什巾冠上方，特别形象。

项圈是由12圈彩色的次贵重宝石组成的，最外面的一圈模仿的是水滴形吊坠。项圈两头是栖息在法老双肩的两只鹰的头部。在金面具的背后，有刻在金板上的长长的象形文字，象征诸神对法老的保护。

眼睛由黑曜石（眼珠）和石英（眼白）镶嵌而成。眼角的一丝红色让年轻法老的坚定目光看起来更加栩栩如生。

图坦卡蒙内层金棺

第十八王朝，图坦卡蒙王时期（前 1333—前 1323）

黄金、次贵重宝石和玻璃
长 187 cm
高 51 cm
宽 51.3 cm
入馆编号 60671
帝王谷，图坦卡蒙墓

图坦卡蒙的木乃伊盛放在这个纯金打造的王棺内，金棺重达 110 千克；它的外面还有两层贴金木棺以及带有花岗岩棺盖的石英石棺，石棺至今仍留在图坦卡蒙墓内。金棺的棺盖展现了法老的容貌，显示出古埃及精湛的黄金制造工艺。金棺的每一部分都经过精雕细琢，并点缀有大量的次贵重宝石和玻璃。图坦卡蒙看起来雍容华贵，装饰有各种王权的象征：带有眼镜蛇和秃鹰额饰的内梅什巾冠，代表神圣的柱状胡须，手中握着的权杖和神鞭。除这些象征外，还有一些具有不同意义的装饰，例如由黄金和珐琅制成的圆形项圈，或是在腿部位置为保护逝世的法老而雕琢的伊西斯女神和奈芙蒂斯女神的形象。在棺盖的中央以及沿着金棺的边缘刻有象形文字，为图坦卡蒙提供进一步的保护；图坦卡蒙的名字则刻在王名圈内。

带有祭坛的阿努比斯神雕像

第十八王朝，图坦卡蒙王时期（前 1333—前 1323）

粉刷和涂了焦油的木材，
金片、金、银、石英和黑曜石
总高 118 cm
总长 270 cm
宽 52 cm
入馆编号 61444
帝王谷，图坦卡蒙墓

在图坦卡蒙墓的珍宝室里，出土了这尊彩绘木制的阿努比斯神雕像，阿努比斯神是亡灵的守护神，它的化身是一只胡狼。发现该雕像时，雕像身上覆盖着一层亚麻布，颈项上还围有一条围巾、一层极薄的布料和一个花环。阿努比斯神是用涂了焦油的木材制成的；一些部位以金制成——耳朵内部、眼睛周围和眉毛，以及颈项上的饰带；胡狼的爪子则由银制成。这只动物看起来非常紧张和警惕，因为它负有保护年轻法老墓穴的职责。胡狼长长的尾巴下垂着，身下是一个小小的祭坛，祭坛是古埃及传统样式：上窄下宽的坛壁令人想起圣地的入口。坛壁上饰有连续和重复的伊西斯女神的符号“提耶特”和杰德柱图案，具有明确的法术 - 宗教含义。在祭坛内部找到了一些护身符、两杯石膏和八条经过加工的胸带。祭坛固定在像滑车的两条杠上，这应该是将雕像运往坟墓时使用的。

图坦卡蒙御座

第十八王朝，图坦卡蒙王时期（前1333—前1323）

木材、金片、银、玻璃和次贵重宝石
高102cm
宽54cm
深60cm
入馆编号62028
帝王谷，图坦卡蒙墓

这张华丽的御座可追溯至图坦卡蒙王时期的早期。御座是木制的，椅背上是一幅华丽的浮雕像，可以明显看出浮雕仍受到阿玛尔纳艺术风格的影响。御座上王名圈里的王名仍是图坦卡顿，这个名字与阿吞神有关。法老放松自然地坐在御座上，双脚放在带垫子的脚凳上。他面前是王后安克赫森帕顿，在古埃及恢复崇拜阿蒙神后，她的名字改为安克赫森纳蒙。两人的形象由彩色玻璃、次贵重宝石和银精心镶嵌而成。在蓝色的假发套上，两人都戴有高高的王冠，胸前戴有一个大项圈。法老穿着百褶短裙，腰带垂于前方；王后身穿百褶轻薄长裙，年轻的躯体隐约可见。安克赫森帕顿正将香脂（装在杯子里）涂在丈夫肩上，一副亲昵的样子，这明显受到了阿蒙霍特普四世－埃赫那吞时期的影响。图像的上方是一轮金色的太阳，太阳向法老和王后放出一道道光芒，赋予他们生命。御座的其他地方雕有复杂的图案，镶嵌有注重颜色搭配的装饰，例如御座的扶手上装饰有带翅膀的眼镜蛇，保护着它们面前法老的王名圈。

盛放内脏罐的雪花石膏箱

第十八王朝，图坦卡蒙王时期（前 1333—前 1323）

雪花石膏
总高 85.5 cm
底座每条边宽 54 cm
入馆编号 60687
帝王谷，图坦卡蒙墓

在图坦卡蒙墓珍宝室一个带有天盖的华丽贴金木柜内，放置着盛放内脏罐的雪花石膏箱。箱子与传统的内脏罐有明显不同，由珍贵的雪花石膏制成，雪花石膏是在哈特努伯采石场中采掘的。它的外形是一座神庙，外壁上窄下宽。在四条棱上雕刻有四位保护死者的女神，她们所说的祝福的话则以象形文字刻在每一面外壁的中央。箱子放在贴金木制滑车上，底座贴有金片且雕有杰德柱和“提耶特”图案，这是欧西里斯神和伊西斯女神的象征。箱子内装有 4 个罐子，每个罐子的盖子都是图坦卡蒙的头像，罐子里都放有一个小小的镶嵌有玻璃的金棺。金棺里盛放着法老的内脏，内脏涂以防腐香料且用上佳的麻布包裹。图坦卡蒙的头像雕刻得极为精致细腻，在白色的雪花石膏上，法老栩栩如生的面容体现在每一个细节上。

香水瓶

第十八王朝，图坦卡蒙王时期（前1333—前1323）

雪花石膏、象牙、金
高70.5cm
宽36cm
深18.5cm
入馆编号62114
帝王谷，图坦卡蒙墓

图坦卡蒙的墓葬品当中包括几件由雪花石膏制成的杰作，其象征意义远大于实用性。这个香水瓶就是其中之一，是在保护法老棺椁的圣器中发现的。这个器皿被雕刻成莲花和纸莎草图案，是上下埃及统一的象征，两种植物分别握在两名男性手中，他们是尼罗河神的化身。两人戴着被梳成莲花和纸莎草样子的假发，身形丰满，胸部下垂，肚子突出，这象征着尼罗河的灌溉所带来的富庶和生命。在莲花和纸莎草上方耸立的两条眼镜蛇分别戴有下埃及和上埃及的王冠，这也是埃及南北方统一和平衡的象征。香水瓶的盖子没有保存下来，但从边缘的装饰仍然可见，是一只展开翅膀的秃鹰。瓶的底座上刻有两只鹰的图案，它们正在保护图坦卡蒙的王名圈。瓶上绘有法老的名字，同时还有他的年轻妻子安克赫森纳蒙的名字。安克赫森纳蒙很可能是埃赫那吞的女儿。

金、玻璃、象牙、肉红玉髓
高 40 cm
长 85 cm
入馆编号 62627
帝王谷，图坦卡蒙墓

图坦卡蒙胸甲

第十八王朝，图坦卡蒙王时期（前 1333—前 1323）

图坦卡蒙墓葬品中，最为精致奢华的金首饰之一就是这个胸甲，这是这位年轻法老的盔甲的一部分。胸甲由两部分组成，之间由扣钩相连，分别覆盖在法老的前胸和后背。在由一片片水滴形金片和彩色玻璃交织而成的图案上方，是胸甲前方和后方的肩带。肩带由两条金链组成，中间嵌有珐琅，前方和后方的肩带都与项圈相连，项圈由条状和水滴状的玻璃制品组成。在项圈的底部还有与下方装饰相连的方形图案，描绘的是阿蒙－拉神赐予图坦卡蒙王权和生命的象征。法老头顶有一个带有眼镜蛇的光轮，身后跟随着两名神祇——阿图姆和尤萨斯。背后的项圈中间是一个用金箔围成的方框，当中嵌着带有鹰的翅膀和尾巴的圣甲虫，两旁是两条头戴上埃及和下埃及王冠的眼镜蛇。在这个装饰图案下方垂有几条由串珠穿成的链子，链子的最下方是罂粟花、莲花和纸莎草花的形状。

拉美西斯二世与赫伦神的雕像

第十九王朝，拉美西斯二世时期（前 1279—前 1212）

灰色花岗岩和石灰岩
高 231 cm
入馆编号 64735
塔尼斯，阿蒙神庙附近

这尊雕像是在塔尼斯的阿蒙神庙附近发现的，用石灰岩雕刻而成的鹰的头部则是在邻近的一个地方出土的，负责修复雕像的人随后将头部与用花岗岩雕刻的其他部分拼接在一起。整尊雕像十分坚固厚重，有一些令人非常感兴趣的特点。拉美西斯二世像儿童一样蹲坐着，带有儿童的典型特征（手指放在嘴里），头上顶着光轮，额前饰有眼镜蛇，这些都是王权的象征。法老左手握着芦苇，这是不太常见的王权象征，让雕像组成了一个巨大的字谜。事实上，ra（光轮）+ mes（儿童）+su（芦苇）组成了法老的名字。法老身后是一只巨大的鹰，保护着法老。根据底座上所刻的文字，这只鹰是叙利亚的神祇赫伦的化身。雕像的另一大特点是：法老受到一位外国神祇的保护。随叙利亚人来到埃及，赫伦神也在埃及特别是吉萨地区得到崇拜，随后埃及人将赫伦神与朝之太阳神（荷鲁斯神与拉神的结合）同化——在吉萨，巨大的斯芬克斯像正是朝之太阳神的象征，古埃及人认为，斯芬克斯决定王位的继承人。作为这些要素的结合，这尊雕像传递了一个明确的信息：将法老置于外国神祇的保护下，能够令居住在埃及地区的叙利亚人感到满意；将赫伦神与朝之太阳神同化，与巨大的斯芬克斯像产生联系，以此强调拉美西斯二世登基的合法性。

梅丽塔蒙雕像上半部

第十九王朝，拉美西斯二世时期（前1279—前1212）

彩绘石灰岩
高75cm
入馆编号31413
底比斯，拉美西斯二世神庙

尽管没有名字，但这尊残像可能是梅丽塔蒙的雕像，因为后来在艾赫米姆出土了与其类似的雕像，从后来出土的雕像上还可以看出梅丽塔蒙的名字。梅丽塔蒙是拉美西斯二世的女儿，在王妃尼斐尔泰丽逝世后，成了拉美西斯二世的主妻。这是一件精致细腻的作品，雕刻家充满智慧地运用了白色石灰岩与蓝色、黄色彩绘之间的色彩对比。她的容貌年轻而庄严，绘成黄色的嘴唇略带微笑，头套和项圈更加衬托出皮肤的白皙。假发上的每一小绺都绘成蓝色，两圈发带上固定有两条眼镜蛇，它们戴着上埃及和下埃及的王冠。梅丽塔蒙头戴王冠，王冠的图案是一圈头上有光轮的眼镜蛇，这些眼镜蛇原本应该保护两片带有光轮的高高的羽毛——这是主妻的典型象征。梅丽塔蒙戴有一些为模仿黄金而绘成黄色的宝石：一对球状的耳环，一个镶有多层宝石的项圈，还有一个臂饰。在她所穿服饰的左胸处有一个玫瑰花饰，右胸处有一个女性面部形状的护身符项链吊坠。在哈托尔节时，这个项链会不停摆动，发出声响。梅丽塔蒙是哈托尔女神的祭司，在这尊雕像所倚靠的柱子上刻有她的头衔。

灰色花岗岩
高 318 cm
宽 163 cm
厚 31 cm
入馆编号 31408
底比斯，麦伦普塔赫陵寝

"以色列石碑"

第十八王朝，阿蒙霍特普三世时期（前 1387—前 1350）
和第十九王朝，麦伦普塔赫王时期（前 1212—前 1202）

石碑原本立于阿蒙霍特普三世的陵寝内（陵寝现在只剩下两座"孟农巨像"），拉美西斯二世之子法老麦伦普塔赫将其搬到了相距不远的自己的陵寝内。石碑的一面刻有阿蒙霍特普三世在阿蒙－拉神面前讲述他登基后所兴建的神庙的场景。到了麦伦普塔赫时期，石碑得到了循环利用，这是埃及的一个惯例。麦伦普塔赫从登基第五年开始利用石碑尚未雕刻的另一面，在石碑上方的半圆形部分、有翅膀的太阳图案下，对称地刻有阿蒙霍特普三世接受立于中央的阿蒙－拉神赐剑的场景。法老身后跟随着两名神祇，左边是姆特，右边是孔苏，他们与阿蒙－拉神一起构成了卡纳克祭拜的三神。占据了大部分石碑、由 28 行象形文字组成的碑文讲述了麦伦普塔赫对来自西方的利比亚侵略者取得的军事胜利，这些利比亚人对埃及的安全构成了威胁。碑文以庄严的口吻讲述了法老如何战胜卑劣的敌人并使他们逃窜，进而俘获女性和儿童，以及摧毁他们的营地。最后几行碑文讲述利比亚人归顺埃及，并列举了处于埃及控制之下的叙利亚－巴勒斯坦海岸的一些地点和民族。这些民族包括以色列民族，碑文写道："以色列荒芜，其种无存。"这是至今为止发现的证明以色列存在的年代最古的证据，表明在麦伦普塔赫时期以前以色列人很可能已经生活在巴勒斯坦地区。

塞提二世的耳饰

第十九王朝，塞提二世时期（前 1199—前 1193）

金

长 13.5 cm

入馆编号 39675

帝王谷，塞提二世和塔乌奥斯瑞特的陵墓

从第十八王朝开始，耳环开始在埃及出现，不同社会阶层的男人、女人和儿童都戴耳环。在新王国时期的雕像、浮雕、陪葬面具（包括图坦卡蒙的面具）和木乃伊上，时不时会看见应该是用于佩戴金耳饰的耳洞。塞提二世的这对耳饰是在帝王谷的陵墓中出土的。然而，这对耳饰很可能来源于其王后塔乌奥斯瑞特的墓穴，是塞提二世给她的赏赐。两个耳坠都是由不同形状的黄金组成的，插入耳洞的部分是管状的耳钉，两头是花形杯子和半球形盖子的形状，其上刻有塞提二世的王名圈。在耳钉下方的梯形金片上同样刻有塞提二世的王名圈，金片通过两条金环固定在耳钉上。金片下方是七条不同长度的金线，金线末端挂有大小不同的矢车菊形状的耳坠，在这个耳饰上可以看见多种形状的黄金。

石灰岩
高 11 cm
宽 11 cm
入馆编号 63801
德尔麦迪那

绘有图案的陶片

第十九至二十王朝（前 1291—前 1075）

位于德尔麦迪那的考古团队修复了大量绘有图案的陶片，大部分来自于工人村的废弃物处理区，这些用于素描和速写的石灰岩碎片早在古代就已经被丢弃了。这块陶片展现了一个有趣的场景，一些动物是这个场景的主角：一只猫用后爪站立，前爪握着一个篮子和一根棍子，棍子指向一群排成两队的鹅。在鹅的上方可以看到一个容纳四颗蛋的窝。这个作品展现出绘画者快速而稳定的笔法，图案是反现实的，有讽刺的含义。猫不再是捕猎者，而是将鹅赶到牧场的牧人。我们通常无法理解这种不现实的图案的真正含义，但可以明确的是，在这种“非主流的”作品上，艺术家不受官方标准的约束，能够将图案描绘得非常鲜活，让我们得以看到普通人的习俗和品位。

皮努杰姆一世的亡灵书

第二十一王朝，皮努杰姆一世时期（前 1060—前 1020）

纸莎草
高 37 cm
长 450 cm
特别登记号 VIII.11488
底比斯，德尔巴赫里合葬墓

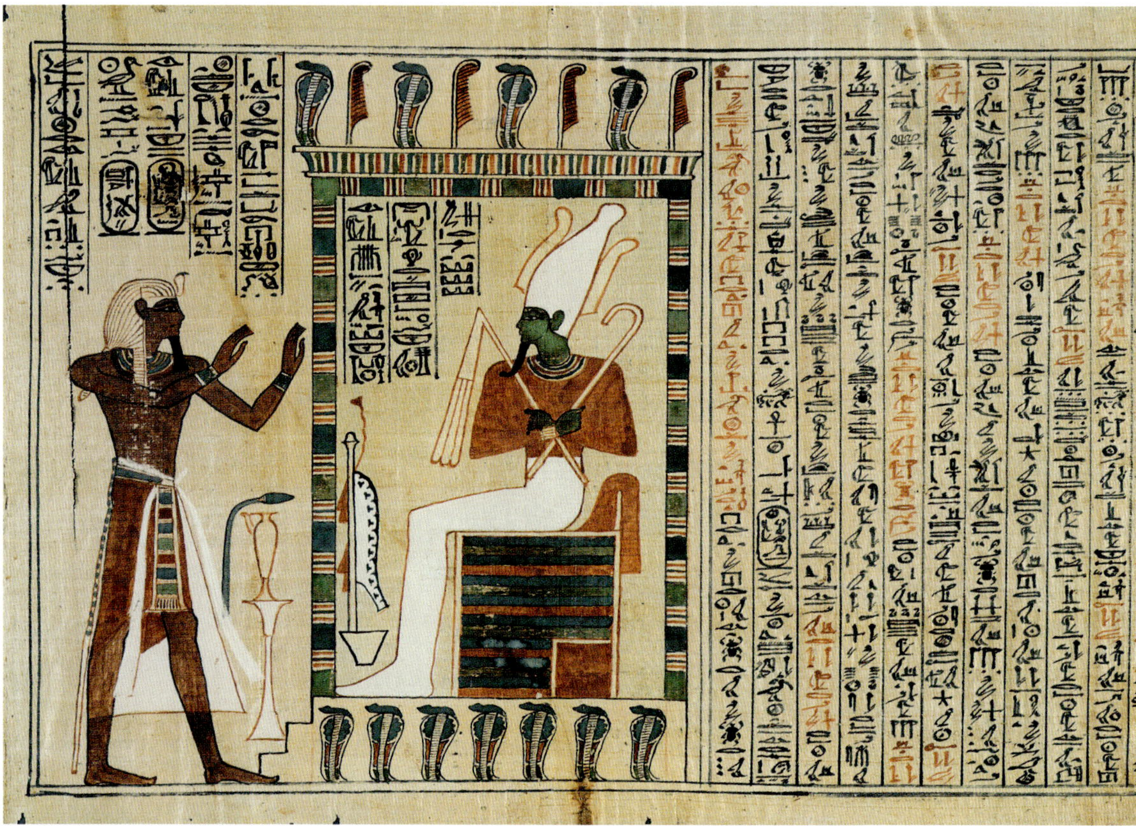

第二十王朝末期，埃及陷入严重的内外交困危机，国家分为两个中心：塔尼斯和底比斯。在底比斯，阿蒙 - 拉神的祭司建立了一种独立的神权政体，将权力扩展至整个上埃及地区。到了公元前 11 世纪中期，底比斯的大祭司皮努杰姆自立为王，将自己装扮成法老的形象。当时盗墓活动猖獗（这也是当时不稳定的一个体现），为了避免被盗，在皮努杰姆一世死后不久，他的木乃伊与其他一些法老的木乃伊被转移到一起合葬。皮努杰姆一世被置于图特摩斯一世的石棺内，与他一起埋葬的还有这份用纸莎草制成的亡灵书。潦草的书写体写成的文字与优美朴素的彩色图画交织，组成了这份亡灵书。在图画中，皮努杰姆一世站在欧西里斯神面前，接受神的审判，最后到达“芦苇之野”，进行农业活动。

普苏森尼斯一世的棺椁

第二十一王朝，普苏森尼斯一世时期（前 1045—前 994）

银和金
长 185 cm
入馆编号 85917
塔尼斯，普苏森尼斯一世之墓

1939 年，皮埃尔·蒙泰在位于塔尼斯（第二十一王朝的首都）的阿蒙神庙圈地内发掘了完好的普苏森尼斯一世之墓，墓穴周围还有其他在古代已经被盗的王室墓穴。从普苏森尼斯一世之墓出土了极为优美珍贵的文物，盛放着普苏森尼斯一世木乃伊的最内层棺椁是最值得关注的。棺椁通常由木材制成，罕见一些的棺椁由石材或是黄金制成，而普苏森尼斯一世的棺椁则是由银制成的。银很可能是从西亚和地中海地区进口的，在埃及进口金属量显著增加的时期，塔尼斯的法老们多用银。棺盖的外形打造成了法老的形象，带有诸多王权的象征：内梅什巾冠，黄金制成的眼镜蛇（前额的发带也由黄金制成），柱状胡须，交叉在胸前的权杖和神鞭。在棺椁的表面刻有象征性的符号和象形文字。法老的胸前似乎戴有一个多层的大项圈，项圈下方可以看到三只张开翅膀保护法老的鹰。其他地方覆盖有密集的水滴形和鱼刺形的羽毛图案。在棺椁内部也刻有装饰：棺椁底部刻有努特女神、伊西斯女神和奈芙蒂斯女神的形象。

普苏森尼斯一世的金面具

第二十一王朝，普苏森尼斯一世时期（前 1045—前 994）

金、天青石、玻璃
最大高度 48 cm
最大宽度 38 cm
入馆编号 85913
塔尼斯，普苏森尼斯一世之墓

从普苏森尼斯一世的金面具上，可以看出为塔尼斯王室服务的金匠技艺是多么的纯熟，风格是多么的典雅。面具是用极薄的金片打造的，经过极为精细的雕琢，法老完美的容貌展现出来，他戴有各种王权的象征：内梅什巾冠（工匠在黄金上雕刻出了条纹），盘踞于前额的眼镜蛇，柱状胡须。一条用天青石镶嵌而成的细线勾勒出法老的脸庞。色彩上最为突出的是用彩色玻璃制成的眼睛，让法老的目光炯炯有神。胸前是一条由多层宝石组成的项圈，最外层的宝石被打磨成水滴形带有花的图案。面具几乎完全用黄金制成，这为这件作品带来了温暖的色调和奢华的气息。金匠没有过分突出一些细节，因此整个作品显得非常平衡。与图坦卡蒙色彩艳丽、对比强烈、极为华丽的金面具相比，普苏森尼斯一世的金面具显得比较朴素。

金、天青石
直径 30cm
总长 64.5cm
入馆编号 85751
塔尼斯，普苏森尼斯一世之墓

普苏森尼斯一世的金项圈

第二十一王朝，普苏森尼斯一世时期（前 1045—前 994）

在塔尼斯出土的首饰充分体现了作品的奢华以及独创高超的技艺，可与图坦卡蒙的珍宝相媲美。尽管这些首饰在丰富和复杂程度上与图坦卡蒙的珍宝有差距，但是站在这些用贵金属打造的胸饰、臂饰和项圈前，没有人不为之迷醉。这个曾经装饰在普苏森尼斯一世胸前的项圈就是例证。项圈由七个用金线编织的小项圈组成，这七个小项圈呈七层排列，共同串于一个胸饰牌上。胸饰牌上用天青石镶嵌了两个王名圈，里面分别是普苏森尼斯一世出生以及登基时的名字，周围则是祝福的话语。在胸饰牌的上方还装饰了很多根由金线编制成的金穗，长度一层一层递增，垂下时呈扇形。项圈似乎是对古代荣耀传统的一种复现，即法老将项圈作为荣誉授予官员，在神庙的壁画上可以看到这样的场景。

刻有女性游泳者的盘子

第二十一王朝，普苏森尼斯一世时期（前 1045—前 994）

金、银
直径 18.2 cm
高 2.5 cm
入馆编号 87742
塔尼斯，普苏森尼斯一世之墓

在第二十一和二十二王朝，普苏森尼斯一世及其王后姆特奈得梅特的墓穴被用于埋葬其他王室成员和非王室人员的棺椁、木乃伊和墓葬品，其中包括温杰巴乌恩杰将军。他被葬于墓穴中一个小小的房间里。棺椁内，他的木乃伊与一些墓葬品摆放在一起，包括一些铜质的陪葬雕像（乌萨布提）、一个漂亮的金面具和一些贵金属打造的容器。其中一件最为精致的手工艺品是这个以金和银制成的盘子，文字显示这是法老赐予将军的。容器的中心是一朵花，花瓣由玻璃镶嵌而成；花瓣周围是黄金制成的圆盘，上面有水生环境场景的浮雕。仅戴着一个项圈、胸前有菱形装饰图案的两对少女在充斥着鱼、莲花和鸭子的水境中游泳，尝试抓住鸭子。金质圆盘的外围是银质的圆盘，上面刻有赞美温杰巴乌恩杰的言辞，以及两个刻有普苏森尼斯一世名字的王名圈。容器的把手由黄金制成，通过四枚小钉子固定在容器上，钉子也是由黄金制成的。

舍松契二世的臂饰

第二十二王朝，舍松契一世时期（前945—前924）

金、天青石、肉红玉髓和白色珐琅
高4.6cm
内圈直径6.1cm
外圈直径7cm
入馆编号72184
塔尼斯，普苏森尼斯一世之墓

埋葬于普苏森尼斯一世及其王后之墓的其他人包括第二十二王朝法老奥索尔孔一世之子舍松契二世，他在约一年的时间里（公元前890年前后）与父亲共同执政，但在登基前过世了。在蒙泰出土舍松契二世的木乃伊时，木乃伊仍戴有一系列臂饰，其中包括这件文物以及与这件文物图案对称的另一个臂饰。细腻的珐琅做工表明了第三中间期金饰品的高制作水平。臂饰由两个半圆通过扣钩相扣而成，打开一个扣钩便可戴上臂饰。臂饰的表面绘有一只荷鲁斯之眼，它具有辟邪的功效，以蓝白相间的天青石为底，由天青石和白色珐琅镶嵌而成。荷鲁斯之眼下方是由小方块的肉红玉髓、天青石和黄金交替镶嵌而成的棋盘状图案。臂饰的其他部分是由黄金和天青石制成的竖条，上下边缘则是天青石和肉红玉髓组成的两条横带。臂饰内侧刻有舍松契一世的王名圈，他是第二十二王朝——所谓的“利比亚王朝”的创建者。舍松契二世很可能是从舍松契一世那里继承了这两个臂饰。

阿蒙尼尔迪斯一世雕像

第二十五王朝初期（公元前8世纪末期）

雪花石膏和玄武岩（底座）
高 170cm
入馆编号 3420　总目录号 565
卡纳克，门图神庙

这尊由雪花石膏制成的雕像出土于卡纳克门图神庙的一间小堂内，代表的是努比亚人法老卡施塔之女、高级女祭司阿蒙尼尔迪斯一世。高级女祭司这个职务可以追溯至第十八王朝。在第二十五和二十六王朝时期，高级女祭司具有特殊的政治重要性，法老授予其女儿或是姐妹这个头衔，让她们与底比斯阿蒙神崇拜建立了密切的联系。高级女祭司成为法老掌控和平衡底比斯祭司的重要工具。阿蒙尼尔迪斯被雕刻成庄严迈步的样子，嘴唇两旁的法令纹更加突显她的圆脸庞；她头上戴有假发套，额前饰有两条眼镜蛇，与她头上所戴王冠上的眼镜蛇相似，王冠上方原本应有羽毛或是牛角和日轮。阿蒙尼尔迪斯身穿显露身材的贴身服装，手腕和脚腕戴有饰品，胸前则刻有阿蒙神和姆特神的图案。她的左臂弯曲，手中握有高级女祭司的权杖，右手则握有护身符。

佩塔梅诺菲书吏坐姿像

第二十六王朝初期（公元前 7 世纪下半叶）

石英石

高 74 cm

入馆编号 37341

卡纳克，阿蒙 – 拉神庙

1904 年，在卡纳克神庙的庭院下方发掘了一个地下储藏室，从中出土了这尊雕像以及其他一些雕像。这在当时是轰动一时的，因为从储藏室中出土了上百尊雕像和上千件青铜雕刻品——希腊时代它们已经被埋入这种地下的“储藏室”，以处理从中王国时期开始逐渐堆满神庙的艺术品。这尊雕像雕刻的是大祭司佩塔梅诺菲，他是古埃及最大私人墓穴之一的主人。因大祭司的地位，他得以在卡纳克神庙内安放一尊自己的雕像。按照古埃及的传统艺术标准，工匠将他雕刻成书吏的形象。佩塔梅诺菲梳着短短的头发，上身健壮，双腿的肌肉与骨骼被刻画得栩栩如生；他双腿交叉，膝上放着一卷莎草纸。雕像的风格明显是公元前 3000 年艺术风格的回归，这是第二十五和二十六王朝时期的传统。当时重新发现过去的艺术和文学的现象十分流行，这是一种对王国光荣传统的追溯。这种对古代风格的追溯形成了第二十六王朝平衡、柔和与温润的风格。

岩石
高 90 cm
总目录号 38884
萨卡拉，普萨姆提克之墓

伊西斯女神雕像

第二十六王朝末期（公元前6世纪下半叶）

伊西斯女神是欧西里斯之妻、荷鲁斯之母，是埃及宗教的主神之一。在托勒密－罗马时期，对伊西斯女神的崇拜开始从埃及蔓延至整个地中海地区。这尊将女神雕刻得非常优雅的雕像出土于达官贵人普萨姆提克位于萨卡拉的墓穴。精准的雕刻、对每一个细节的琢磨以及非常光滑的表面体现了第二十六王朝考究和庄重的艺术风格。女神坐在宝座上——在埃及的象形文字当中，女神就是这种形象。女神露出神圣的微笑，面部表情显得非常平和，一条眼镜蛇盘踞在假发套的前额部分。在假发套上方，是牛角和光轮，这是伊西斯女神和哈托尔女神头上常见的装饰。女神穿着一件贴身的服装，因此几乎看不出来，只有到了脚踝上方才能发现这件服装的底边。根据古埃及的雕刻传统，伊西斯女神的双手放在大腿上，右手握有生命之符。底座前方刻有普萨姆提克向伊西斯女神献祭的象形文字。

亚历山大大帝头像

托勒密王朝（前332—前30）

雪花石膏
高 10cm
总目录号 27476
亚乌塔

这尊非常珍贵的雪花石膏头像所雕刻的很可能是亚历山大大帝，这位马其顿的大帝于公元前332年征服埃及，将埃及纳入了自己庞大的帝国。公元前323年，亚历山大死后，马其顿将军托勒密一世掌控了埃及，并建立了托勒密王朝。在约300年的时间里，托勒密王朝掌握着埃及的命运，直至埃及被罗马人征服。这尊头像应该是迄今尚未发现的一尊小像的一部分，刻画的是年轻的亚历山大的形象。亚历山大梳着一头不规律的鬈发，在后方用一条细带系住，这是亚历山大常见的形象，从此以后成为统治埃及的希腊和罗马国王的典型形象。头顶的小洞可能是用来固定金属饰品的。半透明的雪花石膏所具有的温润感更加体现出特别优美的脸部线条，而且制造出明暗对比的效果。头像刻画了年轻但已非常清楚自己有多伟大的亚历山大严肃认真的形象。

松木和玻璃
长 195cm
入馆编号 46592
葛贝尔，佩托西里斯之墓

佩托西里斯棺木

托勒密王朝初期（公元前 4 世纪下半叶）

佩托西里斯是托勒密王朝初期生活在大赫尔摩波利斯省的托特神的高级祭司，他的墓穴于埃及中部的葛贝尔出土。墓穴像托勒密时期的一个小神庙，拥有门廊和大殿；按照埃及的传统，墙上绘有日常生活的场景，但绘画明显具有希腊风格，显示出希腊的艺术表现形式对埃及艺术的影响。墓葬室埋有佩托西里斯及其家人的木乃伊。1919 年，在这片早在古代就已遭盗墓贼光顾的地方，出土了佩托西里斯的三层棺木，其中，最内层的棺木因表面的装饰图案而成为木制品中真正的上乘之作。这是一个木制的棺椁，按照当时的厚重风格制成。宽大的脸庞上，玻璃镶嵌的眼睛颇具神采。棺盖上精确而色彩鲜艳的图案将工匠的技艺体现得淋漓尽致。在图案的下方，工匠充分发挥其纯熟的技术和想象力，用玻璃模仿贵重和次贵重宝石，在棺盖上镶嵌了一篇长长的象形文字碑文。色彩鲜艳的碑文与现藏于都灵埃及博物馆的佩托西里斯的兄弟杰德托特范克的棺木残片上的文字十分相似。

托勒密五世石碑

托勒密王朝，托勒密五世时期（前205—前180）

彩绘和贴金石灰岩
高 72 cm
宽 50 cm
入馆编号 54313
艾尔曼特，布希尤姆

作为底比斯门图神的神兽，从第三十王朝到罗马王朝时期，布希斯神牛在埃及受到崇拜。与其他受到崇拜的动物一样，布希斯神牛在死后被制成木乃伊并葬于专门为它们准备的墓地里，这片墓地被称为布希尤姆，位于艾尔曼特。正是从布希尤姆出土了这块仍保留有鲜艳颜色的石碑。半月形的碑顶上刻着带有翅膀的光轮以及其他宗教符号（圣甲虫、杰德柱、眼镜蛇、化身为胡狼的阿努比斯神）。在其下方，刻有一幅很大的图案：布希斯神牛的浮雕上贴有金片，突出于蓝色背景上；神牛站在绘有图案的台子上，其前方是向它献祭的托勒密五世。神牛头上是光轮和羽毛，门图神的化身——鹰在神牛上方盘旋。法老头戴王冠和眼镜蛇额饰，向神献上“土地”的象形文字——埃及耕地的抽象图案。下方的文字记载，布希斯神牛死于托勒密五世在位的第二十五年，托勒密五世及其妻子克娄巴特拉一世希望通过这块石碑献上他们对神牛的崇拜。

脚踩鳄鱼的荷鲁斯石碑

托勒密王朝（前 332—前 30）

灰色岩石
高 44cm
宽 26cm
厚 11cm
总目录号 9401
亚历山大城

特别是在末朝和托勒密王朝时期，这种具有护身符作用的石碑非常流行，刻画的是伊西斯女神和欧西里斯神的儿子荷鲁斯神，他成功地为其父亲复了仇。在这块石碑上，以浮雕形式雕刻了幼年荷鲁斯脚踩两条鳄鱼的形象。位于头部侧面的头发显示出荷鲁斯仍是一个幼童，他两手都抓着一些危险的动物——四条蛇、一只蝎子、一头羚羊和一头狮子，头上雕刻着在家庭崇拜范围内特别受欢迎的巴斯神的头像。石碑上（包括石碑的背面）还刻有咒语性质的象形文字。古埃及人将这种石碑立于公共场所，以保护他们不受蛇和蝎子的叮咬——在荷鲁斯的力量下，这些毒物会变得无害；或是得到治愈——古埃及人相信，只要喝下流过石碑的水就能痊愈，吸收了石碑上文字和图画的力量的水会变成有效的药物。

带有萨拉匹斯神的王冠

罗马统治时期，哈德良时期（117—138）

金箔
直径 22 cm
前方装饰高 12.5 cm
入馆编号 98535
杜尚

王冠来源于杜尚地区哈里杰绿洲，在罗马统治时期这里曾矗立着一座祭拜伊西斯女神和萨拉匹斯神的神庙。这个王冠是一件希腊风格的艺术品，与埃及传统风格相距较远。金箔制成的王冠上镶嵌有数组树叶，还点缀有圆形的金制小球，可能是用于模仿花苞的形状。王冠前方有一个金属浮雕装饰，展现了托勒密－罗马时期的埃及文化。在山墙、楣饰和带有柯林斯式柱头的圆柱组成的小神庙内，萨拉匹斯神坐在宝座上。萨拉匹斯来源于孟菲斯的奥索拉匹斯神（欧西里斯神和阿匹斯神的结合），托勒密一世接受并传播对萨拉匹斯神的崇拜，目的可能是为埃及人以及居住在埃及的希腊人创造同一个神祇。因是一名混合神，萨拉匹斯神身上同时具有欧西里斯神、狄奥尼索斯、哈迪斯和宙斯的特点，与死后再生、农业、生产有关。这个王冠上，萨拉匹斯神有着与希腊诸神相近的面孔，蓄有浓密的胡须和长发，并穿着长袍。柱头上方的两个小肖像象征着伊西斯女神——在罗马统治时期，对伊西斯女神的崇拜与萨拉匹斯神一样广为流行。

年轻女子的肖像画

罗马统治时期（2 世纪）

蜡版画
高 42 cm
宽 23 cm
总目录号 33243
哈瓦拉

法尤姆肖像画出土于埃及西南部的法尤姆绿洲，通常以蜡油、蛋液为介质进行制作，是埃及地区的经典艺术杰作。它们集中制作于公元 1 至 4 世纪的罗马统治时期，是不同文化（埃及、希腊和罗马）之间艺术和宗教结合得最成功的作品中的一部分。根据当地的信仰，这些极为写实的肖像画在葬礼时被放在木乃伊的面部，以永远保留所葬之人的容貌和身份。这些绘画的含义和用途是埃及式的，但绘画风格却完全不是埃及风格。这些肖像画所画的可能是具有希腊血统的埃及男人、女人和儿童，他们的服装、发型和首饰都具有希腊特色。这幅肖像画就是“法尤姆肖像画”之一，描绘的是埃及上层的一名年轻女子形象，她所佩戴的珠宝表明了其身份。女子有着深邃和悲伤的目光，她对不可避免的命运感到忧郁与痛苦。

开罗埃及博物馆

参观指南

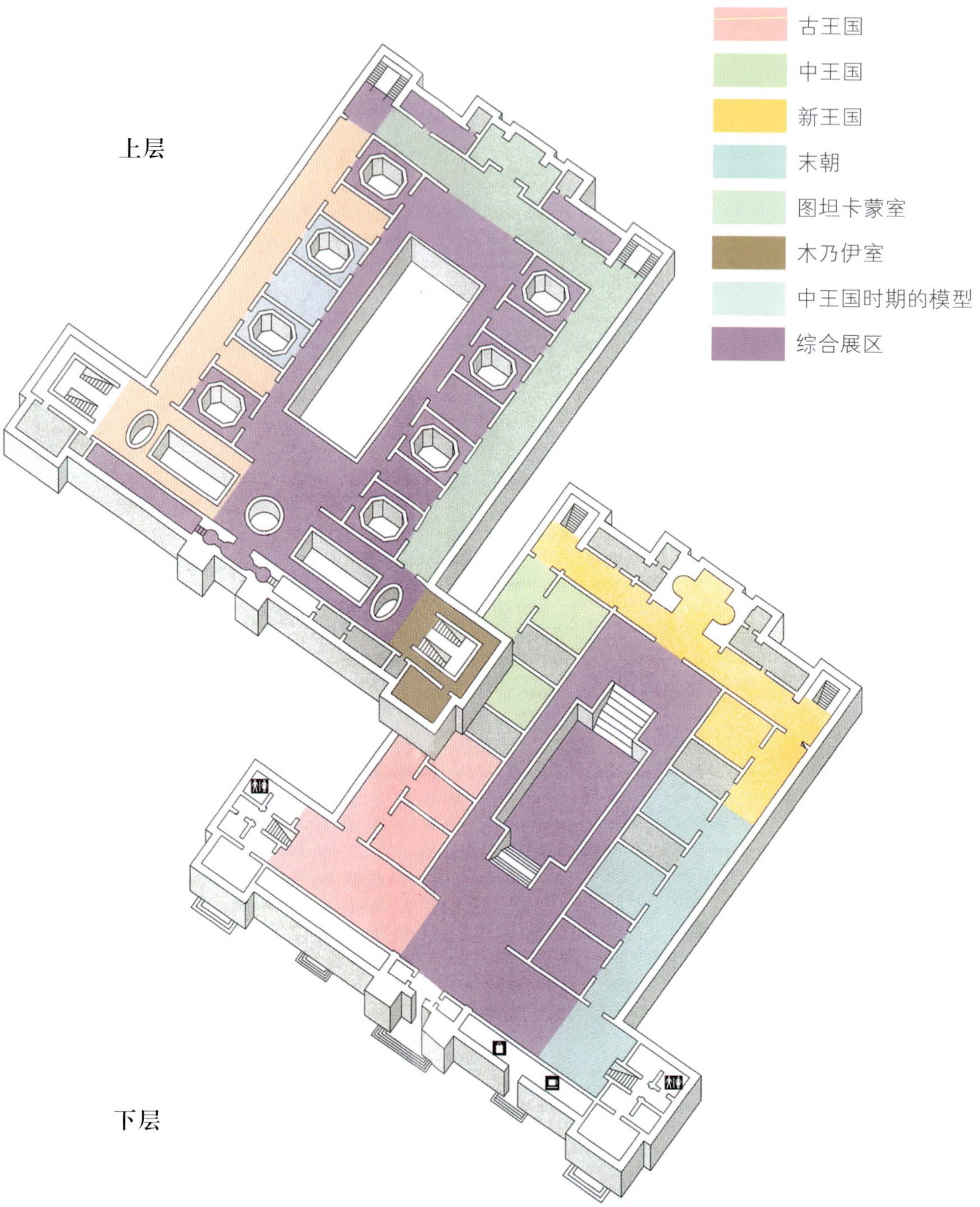
上层
下层
古王国
中王国
新王国
末朝
图坦卡蒙室
木乃伊室
中王国时期的模型
综合展区

古埃及年表

前王朝时期（前 4000—前 3000）

第零王朝（约前 3000）

古朝时期（前 2920—前 2575）

第一王朝（前 2920—前 2770）

第二王朝（前 2770—前 2650）

第三王朝（前 2650—前 2575）

古王国时期（前 2575—前 2152）

第四王朝（前 2575—前 2465）

第五王朝（前 2465—前 2323）

第六王朝（前 2323—前 2152）

第一中间期（前 2152—前 1994）

第七王朝（伪王朝）

第八王朝（前 2152—前 2135）

第九王朝和第十王朝（前 2135—前 2040）

第十一王朝（前 2040—前 1994）

中王国时期（前 1994—前 1781）

第十二王朝（前 1994—前 1781）

第二中间期（前 1781—前 1550）

第十三王朝（前 1781—前 1650）

第十四王朝（前 1710—前 1650）

第十五王朝（前 1650—前 1550）

第十六王朝（前 1650—前 1550）

第十七王朝（前 1650—前 1550）

新王国时期（前 1550—前 1075）

第十八王朝（前 1550—前 1291）

第十九王朝（前 1291—前 1185）

第二十王朝（前 1187—前 1075）

第三中间期（前 1075—前 664）

第二十一王朝（前 1075—前 945）

第二十二王朝（前 945—前 718）

第二十三王朝（前 820—前 718）

第二十四王朝（前 730—前 712）

第二十五王朝（前 775—前 664）

末朝时期（前 664—前 332）

第二十六王朝（前 664—前 525）

第二十七王朝（前 525—前 404）

第二十八王朝（前 404—前 399）

第二十九王朝（前 399—前 380）

第三十王朝（前 380—前 342）

第三十一王朝（前 342—前 332）

马其顿希腊人和罗马人统治时期（前 332—395）

托勒密王朝（前 332—前 30）

罗马王朝（前 30—395）

艺术品索引

图书在版编目（CIP）数据

开罗埃及博物馆 / （意）西尔维娅·埃诺迪编著；桑巍译. — 赤峰：内蒙古科学技术出版社，2018.1（2023.6重印）
（伟大的博物馆）
ISBN 978-7-5380-2926-0

Ⅰ. ①开… Ⅱ. ①西… ②桑… Ⅲ. ①博物馆—介绍—开罗 Ⅳ. ①G269.411

中国版本图书馆CIP数据核字（2018）第025743号

开罗埃及博物馆

编　　著：〔意〕西尔维娅·埃诺迪
译　　者：桑　巍
责任编辑：马洪利
封面设计：李　莹
出版发行：内蒙古科学技术出版社
地　　址：赤峰市红山区哈达街南一段4号
网　　址：www.nm-kj.cn
邮购电话：0476-5888970
印　　刷：三河市华东印刷有限公司
字　　数：120千
开　　本：787mm × 1092mm　1/16
印　　张：10.25
版　　次：2018年1月第1版
印　　次：2023年6月第2次印刷
书　　号：ISBN 978-7-5380-2926-0
定　　价：148.00元

如出现印装质量问题，请与我社联系。电话：0476-5888926，5888917

Original Title Museo Egizio Il Cairo
Text by Silvia Einaudi

Photo Reference